Brèves de vies

Michel Denisot

Brèves de vies

Fayard

Couverture :
Conception graphique : Antoine du Payrat.
Photographie : © Photo Philippe Biancotto/Madame Figaro.

ISBN : 978-2-213-68206-8

À Martine,
À Marie-Cerise et Louise.

« La briéveté est la sœur du talent. »
Anton Tchekhov

« La briéveté est la sœur du talent des autres. »
Michel Denisot

Préface

Puisque vous tenez ce livre entre les mains, c'est que vous m'avez fait le plaisir d'accepter mon invitation. Les histoires que je vais vous raconter viennent de ma mémoire sélective, elles se sont imprimées au fil du temps et des épisodes de ma vie professionnelle. De mes débuts à Châteauroux, puis à Limoges et à Poitiers, jusqu'à Cognacq-Jay, TF1 et Canal Plus. Le PAF, je l'ai parcouru de fond en comble.

Au cours de ces déambulations, des personnalités, j'en ai croisé à la pelle. Certaines sont devenues des amis, d'autres restent des connaissances, des moments fugaces, joyeux, drôles, émouvants.

C'est toutes ces histoires vraies, souvent brèves, que je veux vous faire partager, sans commentaire. Elles me racontent mieux que moi-même.

La classe américaine

2001, Mulholland Drive, Hollywood.

Le 22 mars 2001, à trois jours des Oscars, Mike Medavoy, nabab de Hollywood, reçoit chez lui à Mulholland Drive une trentaine d'invités. J'y accompagne Pierre Lescure, président des studios Universal tout juste rachetés par Canal Plus dont c'est encore l'âge d'or.

Comme la plupart des maisons de la colline, celle de notre hôte producteur est immense et très luxueuse. Tout semble toujours surdimensionné de ce côté-ci de l'Atlantique, y compris la réussite. Ici, le fruit du travail s'affiche, il est dit que tout est possible.

Et Medavoy en est un bel exemple : il a commencé comme directeur de casting en 1965 avant de devenir agent puis producteur – grand producteur même : il a participé à plus de trois cents films et récolté sept Oscars.

Son nom apparaît au générique d'*Annie Hall*, de *Platoon*, d'*Amadeus*, de *Rocky*, de *Terminator*...

D'ailleurs, Arnold Schwarzenegger est là, Sylvester Stallone aussi, tout comme Robert De Niro, Steven Soderbergh, Oliver Stone, Salma Hayek... Il y a dans le salon de quoi tourner dix blockbusters. Que des stars, sauf les serveurs et moi. Pas tout à fait, en réalité, car deux invités – les seuls dont j'ignore encore le nom – me saluent en français. Ils sont près de Marlon Brando : ce sont sa femme et son fils. Ils vivent sur l'atoll de Tetiaroa, dont Brando est tombé amoureux et qu'il s'est offert après le tournage des *Révoltés du Bounty*.

La conversation est facile. Ils sont abonnés à Canal, le fils aime le foot et je lui promets un maillot dédicacé de l'attaquant tahitien Pascal Vahirua qui joue au FC Nantes. Nous restons tous les trois à l'écart et tout se passe bien.

Au moment de se mettre à table, Brando s'approche et me dit dans un français impeccable : « Tous ces mufles ont ignoré ma femme et mon fils, pas vous : on dîne ensemble ! »

Pendant le repas, plus d'une heure durant, il m'a interrogé sur ma vie, mes passions, ma famille, comme si ça l'intéressait. Il connaissait le jardin du Luxembourg aussi bien que moi et les vins à la perfection. La conversation a ensuite porté sur Gérard Depardieu, son enfance à Châteauroux, ses débuts à Paris. Brando l'estimait énormément : « On a des points communs. » Je lui suggérai de venir à Cannes. « Pour cela, me dit-il, il faudrait que Chirac me reçoive pour régler un problème fiscal concernant Tetiaroa. Si vous m'obtenez un rendez-vous, je vais à Cannes et on fait l'interview. »

De fil en aiguille, de Johnny Depp à Gérard Depardieu en passant par le vin, nous avons atterri dans l'Indre, où j'avais une maison ayant précédemment appartenu à la mère de Maria Schneider, sa jeune partenaire du *Dernier Tango*. Improbable coïncidence. Il m'a confié regretter d'avoir perdu tout contact avec elle.

Le film scandaleux avait tissé des liens particuliers entre eux. Il ne m'a rien dit des conséquences de la violence du long-métrage de Bernardo Bertolucci sur l'état psychologique de l'actrice, mais il devait y songer. J'avais l'impression que nous étions devenus proches sans qu'il me parle de lui.

J'ai proposé de transmettre à Maria Schneider ses coordonnées, une fois rentré à Paris, pour qu'ils soient en mesure de reprendre le fil là où ils l'avaient laissé. La première chose que j'ai faite à mon retour a été de téléphoner à Maria Schneider.

Je n'ai jamais su s'ils s'étaient appelés.

Le dîner a pris fin. Je ne me souviens pas du menu – pas sûr d'avoir mangé. Mais je me rappelle ce face-à-face improbable. Brando mourra quatre ans plus tard.

Entre-temps, à l'Élysée, un conseiller m'a dit que je n'étais pas le premier à évoquer le sujet, mais visiblement Jacques Chirac préférait recevoir Gregory Peck.

Quand j'ai appelé Marlon Brando pour le tenir au courant, je n'ai jamais su si j'avais eu affaire à un répondeur ou si quelqu'un m'écoutait sans prononcer un mot.

L'inconnue de la maternité

Avril 1979, Paris.

Les couloirs de la maternité sont agités. De futurs pères, comme moi, calment leur attente en faisant les cent pas, des femmes enceintes arrivent, pressées, pour accoucher, et quelques mères se baladent. Parmi elles, une femme brune très jolie malgré sa chemise de nuit d'hôpital, que j'ai l'impression d'avoir déjà vue.

Elle se rapproche, lève les yeux. Ils sont bleu marine. C'est Isabelle Adjani.

Elle vient de mettre au monde son fils Barnabé et me dit son bonheur d'être mère. Mais, après quelques minutes de conversation, elle semble hésitante, comme gênée. Finalement, elle se lance : « Michel, je vous demande juste... Vous ne m'avez pas vue, d'accord ? »

J'ai tenu parole pendant trente-cinq ans !

Qui a marqué ?

18 mars 1993, Parc des Princes,
porte de Saint-Cloud.

Ce soir, le PSG entre dans une autre dimension, irrationnelle. L'équipe vient d'offrir un des plus beaux spectacles qu'il ait été donné de voir au Parc des Princes. Plus qu'un match contre le Real de Madrid, un tour de force, un moment qui éclate dans l'histoire du football, le quart de finale retour de la Coupe de l'UEFA. De quoi tomber de son siège, ce qui m'arrive, l'affiche prime sur l'enjeu.

À la quatre-vingt-seizième minute, pendant le temps additionnel accordé par Sándor Puhl, l'arbitre hongrois, après calcul des arrêts de jeu, Antoine Kombouaré a coupé la trajectoire du coup franc de Valdo et marqué un but superbe. 4-1.

Deux minutes avant la fin de la rencontre, pourtant, nous avions encaissé un but d'Ivan Zamorano, qui nous mettait à égalité sur l'ensemble des deux matches, puisque nous avions perdu 3-1 le match aller à Madrid ; on filait donc, à 3-1 pour nous, vers les prolongations, et puis la tête d'Antoine... le PSG sort le Real !

La liesse éclate sur le terrain, avec les joueurs. Partout en France, les klaxons résonnent, les verres s'entrechoquent dans les bistrots, les téléspectateurs hurlent de bonheur devant leur poste. Une euphorie partagée, ce qui est rare, hors de Paris, lors d'une victoire du PSG.

Le PSG, que je préside depuis maintenant deux ans, fait enfin ce soir-là provisoirement l'unanimité. C'est pour parvenir à opérer ce miracle que Canal Plus (André Rousselet et Pierre Lescure) a acquis le club. Il fallait offrir aux abonnés les péripéties d'un personnage héroïque, sans trop écraser les autres clubs afin de ménager un certain suspense. Et pour permettre au PSG de tenir à nouveau un rôle de premier plan, il fallait lui en donner les moyens financiers, techniques et humains.

Deux ans auparavant, le PSG était au bord du gouffre : en déficit, tout près du dépôt de bilan. Jacques Chirac, à la mairie de Paris, venait de trancher : il ne boucherait plus annuellement le déficit et exigeait qu'un actionnaire solide prenne le relais assez durablement pour donner une chance au club de renaître de ses cendres.

TF1 avait été contactée, ainsi que Canal Plus, qui avait déjà acheté les droits du foot en 1984. Or, ce qui alimentait clairement l'intérêt pour le foot, donc pour l'abonnement à Canal Plus, c'était entre autres le vieux conflit Paris-Saint-Germain/Olympique de Marseille, les deux principaux personnages du feuilleton hexagonal. Il était clair pour les dirigeants de Canal Plus, dont Charles Biétry, alors patron des sports, que la disparition du PSG serait un désastre, puisqu'elle priverait la Ligue 1 du duel historique avec l'OM. Il fallait que le spectacle continue.

Et, du fait de l'extrême fragilité d'un des personnages, il serait d'autant plus attractif. La situation du PSG nous ouvrait de très riches perspectives de *storytelling*. Il y avait là un défi majeur, des prouesses à réaliser.

C'est ce soir du 18 mars que le match épique a eu lieu, la résurrection magnifique au niveau européen. D'entrée, l'équipe met le feu à la pelouse du Parc des Princes. Les politiques courent souvent au secours des victoires. Jacques Chirac devenait un assidu des tribunes. Il ignore pourtant presque tout du foot. La preuve ! Pendant la Coupe du monde en 98, il a confondu les prolongations avec un échauffement !

Ça ne l'intéresse pas. Lui, il aime l'ambiance, l'atmosphère dans le stade, le truc vital, l'humain. L'inverse de Lionel Jospin, qui est précis et informé. Michel Platini le résumait assez bien : « Chirac aime les sportifs, et Jospin, le sport. »

Une autre fois, alors que nous étions assis côte à côte pendant un match de championnat et que le PSG marqua, Jacques Chirac se retourna vers moi en me demandant :

– Qui a marqué ?

Moi : Bravo !

Chirac : Oui, mais bravo qui ?

Le galant et la Miss Météo

29 novembre 2011,
coulisses du « Grand Journal », Paris XVe.

De mise impeccable et avec ce parler chuintant caractéristique, Valéry Giscard d'Estaing salue poliment. Il vient d'arriver au « Grand Journal », élégant et souriant. À l'heure, voire peut-être un peu en avance, comme souvent.

Sans même avoir ôté son pardessus, il demande : « Où est la jeune fille de la météo ? » Tout à l'heure, il proposera à Louise Bourgoin, la Miss Météo du « Grand Journal », de la raccompagner et, entre le XVe et chez elle, de s'arrêter dîner.

Elle déclinera.

Plus tard, il récidivera avec Pauline Lefèvre.

Il essuiera le même refus.

Un chien prénommé Ducon

Printemps 1992,
dîner à l'hôtel de ville de Paris.

« Michel, vous ne connaissez pas mon chien ? »

Jacques Chirac affiche un sourire de chat égyptien. Je suis étonné par sa question : je ne lui connaissais pas de passion particulière pour les animaux domestiques.

Il appelle un huissier auquel il demande qu'on amène le labrador. Quelques minutes plus tard, l'animal arrive en tirant sur sa laisse. Chirac le libère, mais il s'agite et se met à batifoler dans le bureau.

Le maire de Paris finit par intervenir en appelant le chien d'un ton autoritaire : « Ducon ! Ducon ! »

Le prénom n'est pas banal.

– Vous l'avez appelé Ducon ?

– Oui, c'est Giscard qui me l'a offert.

Le président africain et le tabouret

Décembre 2010, Abidjan, Côte d'Ivoire.

Le palais est dans la manière de Le Corbusier. Le président a fait préparer une espèce de trône, pas tout à fait aussi impérial que celui de Bokassa, mais luxueux et, surtout, en hauteur. Avec un petit siège à ses pieds pour moi. Laurent Gbagbo cherche à mettre son interlocuteur, son interviewer en l'occurrence, à ses pieds, en situation d'infériorité.

Nous avons vite compris que l'interview serait difficile. Je suis là pour faire mon travail de journaliste pour le compte de Canal Plus. Mon rôle est de couvrir le désaccord sur l'issue du scrutin entre deux candidats à la présidentielle. La chaîne est numéro deux en Côte d'Ivoire.

L'entretien, tourné dans une petite cour, est diffusé en Côte d'Ivoire et en France avec une heure de décalage. Nous sommes épaulés par la télévision ivoirienne, qui a installé une régie de poche dans un local derrière la maison.

Le pays menace de sombrer dans la guerre civile depuis l'élection présidentielle. Un challenger, Alassane Ouattara, vient de la remporter après onze années de présidence Gbagbo. Mais Laurent Gbagbo n'admet pas le choix de son peuple et conteste le résultat du scutin, criant à la fraude et refusant de quitter le pouvoir.

Il s'est retranché dans ce palais en béton des années 60 et tente de convaincre le monde entier de le soutenir contre Alassane Ouattara bloqué dans un hôtel par l'armée. La France pense à exfiltrer ses ressortissants. Dans la capitale, l'ambiance est armée.

Le problème, comme souvent sur le continent africain, était ethnique et religieux. Le tracé des frontières, décidé par des pays colonisateurs, a éclaté les communautés, les ethnies, la population, mêlé les religions en brassant les gens n'importe comment, créant ainsi un terrain favorable aux luttes fratricides. Didier Drogba, qui est un dieu dans son pays, où le football est une seconde religion, m'avait longuement expliqué la situation quelques jours plus tôt à Londres.

Parfois même, comme au Rwanda, les anciens empires ont volontairement divisé pour mieux régner, attribuant des privilèges, une considération à certains, et privant les autres de leurs droits élémentaires, fabriquant des sociétés séparées, d'apartheid, où les uns dominent et écrasent les autres.

Dans l'avion qui m'emmène sur le sol ivoirien, un Français qui y réside et travaille dans une société de fret sur le port, placé à côté de moi, me raconte le pays : « Il y a parfois des lepénistes blancs qui dirigent le port d'Abidjan et qui font bosser des travailleurs noirs. Ça peut paraître incompréhensible, mais je peux vous affirmer que ça se passe bien. Je réalise, depuis que je vis en Côte d'Ivoire, que ce que nous voyons par le prisme de nos lunettes d'Européens ne correspond pas du tout à la réalité des pays étrangers. Ça rend modeste... »

La capitale ivoirienne est hérissée de barrages et peuplée de types armés jusqu'aux dents ; peu de sourires ; une atmosphère de plomb. À l'hôtel, le patron me montre sa meilleure chambre, la suite du dernier étage. Une odeur de cigare froid empeste l'atmosphère.

Deux sulfureux ténors du barreau, Jacques Vergès et Roland Dumas, duettistes provocateurs et efficaces de ces années-là, y avaient logé juste avant notre arrivée, pour des motifs connus : conseiller Laurent Gbagbo, l'aider à faire reconnaître le trucage de l'élection et le protéger des lois démocratiques de son pays.

Les partisans du président élu essayaient, eux aussi, de faire reconnaître sa légitimité par les puissances étrangères en utilisant, à l'instar du président sorti, les médias qui se déplaçaient en Côte d'Ivoire. Quand ceux-ci rechignaient à respecter l'égalité de traitement Gbagbo/Ouattara, ils insistaient un peu.

L'équipe Ouattara nous appelait à l'hôtel pour souligner la nécessité d'interviewer aussi « le » président, déclarant implicitement qu'il était informé que nous allions interviewer l'« autre » président. Trop dangereux, selon l'avis d'un de mes cameramen, qui connaissait mieux que moi Abidjan, de passer d'un camp à l'autre. Je ferais l'interview d'Alassane Ouattara en duplex de Paris.

Au cours de l'interview, quand je lui fais remarquer qu'il a « du sang sur les mains », le visage de Gbagbo se fige et ses yeux disent la colère qui l'emplit, bien loin de l'homme aimable qui nous accueillait tout à l'heure d'un « Bonjour, mon ami ! ».

« Si j'avais su que cela se passerait comme ça, j'aurais dit non », me lance-t-il. Son entourage me confirme le mécontentement du président avec insistance.

Quelque temps plus tard, la clique de ce président officiellement, et, finalement, officieusement aussi, destitué, a été en partie massacrée. J'avais conservé les coordonnées du chargé de communication, un certain Anderson, avec lequel j'avais sympathisé et dont je craignais pour la vie.

J'ai essayé de le joindre pour prendre de ses nouvelles, m'assurer qu'il était bien vivant. Son téléphone sonnait dans le vide, mais sonnait. Je laissais des messages, il ne rappelait jamais.

Alors que j'essaie une dernière fois de le joindre, un dimanche soir, il décroche. Je le questionne sur sa santé, sa situation, il me répond : « Ça va très bien ! Je suis avec Ouattara, tout va très bien ! Vous savez, c'est ça, l'Afrique. »

Les poings, le rap et la sueur

1992, Madisson Square Garden
de Phoenix, Arizona.

Le rendez-vous devait avoir lieu à New York. Quand nous sommes arrivés, il était déjà parti. On nous a dit qu'il se trouvait à Phoenix, Arizona. Va pour Phoenix. Là-bas, une journée sans nouvelles. Puis un bref coup de fil. Rendez-vous une heure plus tard dans un quartier éloigné de la ville.

Maintenant que nous nous trouvons à l'adresse indiquée, nous doutons encore d'y rencontrer la star.

Les négociations pour obtenir une interview avec la légende vivante de la boxe ont été longues et compliquées, elles ont couru sur quelques mois de cette année 1992. C'est Jérôme Valcke, qui travaillait avec moi à l'époque au service des sports de Canal, qui a monté l'opération.

Jérôme a débuté comme journaliste à Canal en 1984. Je lui ai fait passer des essais, mais la télé n'était pas son point fort. En revanche, il s'avère très rapidement être un excellent négociateur – son parcours exceptionnel en témoigne : il est aujourd'hui numéro 2 du foot mondial, secrétaire général de la FIFA, soutien de Sepp Blatter et rival de Platini. Bref, Jérôme ne lâchait rien.

Les grandes portes devant lesquelles nous poireautons feraient fuir n'importe quelle certitude... On se croirait dans un mauvais film de Blaxploitation et le décor semble ne pas avoir bougé depuis les années 70. Au bout de quelques minutes, nous nous décidons à essayer d'entrer dans cette sorte d'entrepôt qui sert de gymnase. Un type, le mégot de Lucky Luke coincé entre les lèvres, nous dit dans un anglais édenté : « Ils arrivent dans deux heures. »

Une heure plus tard, un cortège de voitures noires se profile dans la rue balayée par le vide et la poussière. Des limousines et des 4 x 4 aux vitres fumées se suivent et s'arrêtent devant nous. En descendent d'immenses types très impressionnants. Ils nous regardent à peine, pénètrent dans le gymnase et s'agitent. Ils commencent par allumer le chauffage au gaz et le mettent au maximum. Avec de grand draps noirs, ils obturent les fenêtres, puis mettent un CD dans un imposant ghettoblaster. Du rap, qu'ils poussent, comme la température, à fond.

Ils sont en train de préparer la vaste salle délabrée. Il faut qu'elle soit brûlante, qu'il y transpire, s'y échauffe, et qu'elle soit imperméable. Rien ne doit filtrer de l'entraînement, aucun regard indiscret ne doit pouvoir se poser sur le poids lourd Michael Gerard, alias Mike Tyson.

Jusqu'alors, il était en prison. Il en est sorti, plus en forme que jamais, ayant comblé le creux des journées à l'ombre par de l'exercice physique intense. Libre, il est revenu dans la compétition, l'orgueil piqué par trois années de geôle – il avait été condamné à six – et écrasé par le déshonneur public. L'ancien champion précoce, Kid Dynamite, est tombé pour viol. Ensuite, il a fait pénitence, s'est même converti à l'islam comme une autre légende vivante, Cassius Clay devenu Mohamed Ali. Son incroyable palmarès et son histoire hors norme fascinent.

Mike Tyson sera un invité hors norme pour cette émission spéciale.

Et puis la même scène que tout à l'heure : trois limousines progressent dans l'avenue et stoppent devant l'entrée. Des portières s'ouvrent et en sort un homme beaucoup plus écrasant encore que les videurs de tout à l'heure. Non seulement sa taille et son poids lui donnent une allure imposante, une force tendue, une violence en substance, mais quelque chose de moins concret, d'aussi puissant, une aura, se dégage de lui.

Il ne va pas seul, le roi de la boxe. Des acolytes, tels que « Crocodile », le suivent partout et remplissent le rôle qu'il leur a désigné. « Crocodile » est son bouffon, son amuseur – il joue à faire peur aux gens devant Mike qui sourit de ses facéties comme un enfant.

Une heure passe dans ce gymnase surprenant où les assistants nous ont donné l'ordre d'attendre.

Quand, enfin, nous sommes autorisés à entrer dans le saint des saints et à installer nos trois caméras, nous sommes pris à la gorge par la chaleur torride et aux oreilles par le son du rap sur lequel le boxeur a ajusté ses poings. Sur ma petite chaise pliante, je suis concentré. La lumière, avec ces ampoules qui pendent et les brumes de chaleur, brûle l'atmosphère.

Pendant l'interview, il m'explique son besoin de retour aux sources, à ses débuts pauvres et durs, pour réapprendre la violence poussée par l'étuve jusqu'à sa forme suprême, un degré intolérable.

Dans les gymnases modernes où les équipements sont ultra-sophistiqués et les conditions ultra-confortables, il considère qu'il se ramollirait et ne gagnerait pas cet état de rage propre aux vainqueurs.

Tyson répond aux questions en s'étendant, en donnant des détails. Et quand j'entends que sa voix baisse légèrement et qu'il risque d'achever sa réponse, je consulte mes fiches pour enchaîner sur la question suivante. Mais le boxeur, avec son grand buste, me domine et remarque le coup d'œil à mon texte. Il me met alors une tape sur le genou, qu'il agrémente d'un péremptoire et définitif « *Look at me* » (« Regarde-moi »), auquel je réponds : « *Yes, Mister* » (« Oui, monsieur »).

L'interview est terminée. Quarante-cinq minutes non-stop. Record d'audience… en Chine, puisque la télé de Pékin a elle aussi acheté les droits !

Un anorak bleu foncé

Années 1990, un hiver, à Avoriaz.

Soudain, une autre époque : un pantalon fuseau, probablement tenu par des bretelles sous le pull-over, des chaussettes tyroliennes et un superbe anorak ouvert. Dégaine assurée et légère. Sur le parking qui jouxte le départ des remontées mécaniques, Valéry Giscard d'Estaing va sans skis. C'est son épouse, Anne-Aymone, qui les porte, en plus des siens !

Depuis de longs mois, les Guignols de Canal Plus l'ont pris pour cible et n'économisent pas les sketchs dans lesquels il est représenté âgé et un peu sourd. Le leitmotiv qui fait rire tout le monde, sauf lui, c'est : « Le monsieur te demande… » On l'entend presque tous les soirs, il est le Guignol star du moment.

Quelques minutes plus tard, nous nous retrouvons à quatre dans un des œufs de la station, qui nous transporte jusqu'aux pistes. Nous échangeons quelques politesses sur la météo, les dates de départ et d'arrivée dans la station, les pistes skiées, ouvertes, damées, fermées. Et, après un court silence vaguement gêné de conversation sans inspiration, Valéry Giscard d'Estaing me demande d'un ton suave : « Dites-moi, les Guignols, ça ne vous pose pas trop de problèmes ? » Habile contrepied…

Je lui dis que non.

La conversation de dupes s'est achevée avec l'arrivée de la bulle en haut de la piste. La vision de Giscard skiant à l'ancienne, tête haute, élégant, son anorak bleu ouvert, elle, est demeurée.

Jules et Jim

Juin 1987, scène du Midem, Cannes.

Adorable petite blonde de quatorze ans et demi, Vanessa Paradis chante son tube *Joe le taxi*. Elle se tient sur la grande scène du Midem, qui a lieu à Cannes tous les ans, la cérémonie est diffusée en première partie de soirée et s'apprête à battre tous les records d'audience.

Le public est sans pitié. Il la hue, crie, et, s'il en avait, balancerait des projectiles. Il la déteste et le fait savoir.

Vanessa continue malgré tout, courageusement. Quatre minutes comme ça, petite et lumineuse face aux lazzis de la foule.

Et puis elle n'en peut plus. Elle n'entend plus sa voix sous le concert de sifflements. Elle n'a plus de retour, plus d'équilibre, plus de forces. On voit bien qu'elle pourrait s'effondrer là, tout de suite. Alors, la chanson terminée, elle quitte l'arène avant de s'écrouler.

Son oncle, qui est aussi son manager, Didier Pain, la prend dans ses bras alors qu'elle fond en larmes.

Les coulisses sont tristes ce soir.

Mais je sais que Vanessa prendra sa revanche ici.

On est sur TF1 et je suis le Nikos d'un soir pas très à l'aise.

*

Quelques années plus tard, elle encaisse, encore. Se nourrit même de tout ça pour affiner sa sensibilité qui fait d'elle, désormais, une jeune femme resplendissante et charismatique. Assez en tout cas pour m'inspirer un duo improvisé avec une autre artiste rayonnante, d'une autre génération, Jeanne Moreau.

La salle du palais des Festivals se rappellera ce mois de mai et cette jeune fleur, pieds nus, aux cheveux blonds ondulés, dans sa robe blanche de vestale. Elle arrive à pas feutrés des coulisses d'où sa voix a éclos il y a quelques secondes. C'est *Le Tourbillon de la vie* qu'elle a entonné, d'abord cachée, en hommage à Jeanne Moreau.

Notre réponse pour échapper à la rigidité protocolaire de la cérémonie d'ouverture du Festival de Cannes, c'était Vanessa. Qui a pris le temps pour nous donner sa réponse, favorable, comme celle de Gilles Jacob, le patron du Festival. L'idée m'est venue avec Didier Ferron, qui travaillait avec moi ; il est proche de Vanessa. À Jeanne Moreau, assise avec les autres membres du jury au premier rang, nous avons confié un micro et la liberté d'intervenir à un moment si elle le souhaitait, ce n'était pas répété.

La magie ne se programme pas. Les invités, les questions, le scénario, tout peut se préparer, se travailler. On a prise sur le contenu, le contenant, les messages, mais la grâce, elle, se crée d'elle-même et ne s'apprivoise pas.

Vanessa, ce soir, en est l'un des vecteurs. Jeanne Moreau en est un autre. La jeune femme se rapproche lentement du bord de la scène, comme si elle se balançait dans le passé cinématographique de son aînée, dans le film de Truffaut, *Jules et Jim*, qui l'a consacrée au même âge, celui de Vanessa. En miroir, les deux femmes confondent maintenant leurs voix. Qu'elles ont toutes deux un peu cassées. Et la rencontre se fait. La magie opère.

Leurs mains se croisent, leurs peaux, l'une abîmée, l'autre intacte, se confondent.

Le palais des Festivals succombe sous le charme de ce tandem de femmes émouvantes. L'instant se fixe avec ces deux voix hors du temps.

Le public, largement infiltré par les Américains, n'a pas réagi immédiatement. Vanessa Paradis, dont le petit ami n'est pas encore Lenny Kravitz, n'a pas acquis à ce moment-là une notoriété internationale. Alors, dans un premier temps, ils ne saisissent pas bien qui est cette nymphe aux dents du bonheur qui interprète presque a capella – seul un guitariste, Jean-Félix Lalanne, l'accompagne – un air mythique chez nous, confidentiel chez eux.

Progressivement, sans avoir besoin de tout comprendre, ils ont cédé à la pureté du moment, se laissant porter par le reflet de nos deux divas françaises.

Les tambours bouddhistes

Mars 1998, temple tibétain,
Dharamsala, Inde.

Nous sommes sur le toit du monde, dans l'Himalaya. Le bleu du ciel, impénétrable, jette une lumière crue et jaune sur le village perché qui abrite le gouvernement tibétain en exil. Les ocres et les blancs de Dharamsala se reflètent presque à l'intérieur du temple où nous sommes quasiment en état de grâce.

Nous venons de passer une heure en compagnie du dalaï-lama et, il y a quelques minutes, il nous a remis des écharpes blanches en nous bénissant. L'émotion nous submerge. Dans le silence du lieu, nos larmes coulent, inattendues.

Ce qui se dégage de ce sage, de ce représentant d'un peuple dominé, c'est une vague d'humanité et de bonté. Elle nous a pris et nous a bouleversés.

Cet homme, j'ai le sentiment étrange de l'avoir toujours connu. Cette sensation de grande familiarité avec un étranger, je l'ai déjà ressentie un jour sur l'île Maurice avec un Chinois, Vincent Ah-Chuen, devenu un ami.

Alors que j'offrais au dalaï-lama un pot de miel rapporté de chez moi dans l'Indre – j'avais lu qu'il adorait ça –, il m'a expliqué qu'il aimait infiniment le miel et que, dans une autre vie, il serait certainement une abeille.

Sa très grande sérénité et cette immense bienveillance intelligente frapperaient n'importe quel matérialiste endurci. La bienveillance sans objet se rencontre peu, la tolérance encore moins.

Perchés à des milliers de kilomètres de Paris dans un décor absolument dépaysant, en compagnie d'un des hommes les plus charismatiques au monde, nous avons quitté notre état « normal ». Un peu à distance du cours ordinaire de nos vies.

Pour arriver jusqu'à lui, après l'avion, il faut endurer dix-huit heures de bus sans s'arrêter dans un trafic routier d'une rare densité, puis sur des routes ultra-accidentées, entre New Delhi et Dharamsala. Le chauffeur sikh ne semblait pas éprouver le besoin de se reposer, boosté par les feuilles de coca qu'il mâchouillait continuellement.

*

Je n'aurais pas dû m'acharner. Maintenant que je sais, je suis bien avancé. Déprimé. J'ai cherché à l'avoir, mon info, je suis allé jusqu'au petit bureau de poste, seul endroit du village d'où on peut appeler à l'étranger. Le PSG, dont j'étais encore le président, jouait contre Montpellier. Et a perdu.

Dans ce petit salon de thé fréquenté par les moines, l'abattement est proche. C'est comme ça que Matthieu Ricard me trouve.

Traducteur français en titre et disciple du dalaï-lama, c'est avec lui que nous avons monté cette opération « À part ça » dans l'Himalaya. Étonné de me trouver démoralisé, il m'interroge sur les raisons d'une si grande tristesse :

– Ce n'est pas grave, on a perdu un match.

– C'est un match de foot qui vous met dans cet état ?

– Ben… oui.

– Il ne faut pas. Franchement, ce n'est rien. Vous êtes là et vous n'y êtes pour rien. Alors, qu'est-ce que cela change que vous soyez triste ?

Il a raison, bien sûr. Je fais corps avec mon rôle de président du PSG. Trop. Je donne beaucoup depuis sept ans, avec des résultats : sept titres remportés, un bilan financier positif, des spectateurs à nouveau conquis, quelques beaux faits d'armes.

Pas aujourd'hui. Une défaite donne toujours l'impression d'avoir presque tout raté.

La bataille, il faut la laisser à d'autres, maintenant. Quitter la tête du PSG. Cette décision, c'est Matthieu Ricard et les hauteurs du Tibet qui me l'ont soufflée les premiers.

La magie de Sidi

1997, 21 h 10, Parc des Princes,
porte de Saint-Cloud.

41e minute exactement ! Troisième but marqué par le 18 ! Comme prévu. Incroyable ! Le PSG joue ce soir de 1997, ce 27 août marquant, la seconde manche contre le Steaua Bucarest en préliminaires de la Ligue des champions. Depuis quinze jours, on est la risée de la France du foot.

Au match aller, on a fait jouer Laurent Fournier, qui était suspendu sans qu'on le sache, notre adversaire non plus. Le fax annonçant sa suspension s'était égaré quelque part. Résultat, quand l'UEFA a découvert après coup que Fournier avait joué, la sanction est tombée net : match perdu 3-0. Grosse bourde et gros challenge pour le match retour, car il faut gagner avec quatre buts d'écart.

Les joueurs ont été réunis au Camp des Loges pour l'annonce de la mauvaise nouvelle. Alors qu'ils auraient pu légitimement être énervés de cette négligence qui réduisait à néant leurs efforts sur le terrain (le score était de 3-2), ils ont très bien réagi : « C'est emmerdant, cette histoire, mais on est là et on est tous ensemble. On va y arriver ! »

Raï menait le groupe et Ricardo, le coach, était très motivé pour ce match très attendu. Et ils se sont entraînés avec encore plus d'envie. Pourtant, rationnellement, renverser la vapeur tenait de l'exploit.

Dans le staff technique œuvrait Claude Leroy, au CV long comme mon bras et qui avait travaillé longtemps dans les sélections africaines, avec lesquelles il était resté en contact. Familier des traditions de sorcellerie diverses et copain avec quelques marabouts spécialisés en prédictions footballistiques, il avait fait allusion aux coups de fil de ses amis, qui proposaient de nous sortir de l'ornière. Plus l'échéance se rapprochait, plus la lucidité gagnait des points et l'espoir se faisait discret.

Alors, si le paradis existe, sait-on jamais, autant le gagner par les voies qui lui sont propres, c'est-à-dire mystérieuses et insondables.

Devant l'exceptionnelle gravité de la situation du club, il ne faut reculer devant rien et appeler tous les moyens légaux, même les plus inattendus et improbables, à la rescousse : prier, brûler des montagnes de cierges, trouver des fées, appeler tous les marabouts d'Afrique et de Navarre, bref, faire quelque chose, ne pas subir, ne pas accepter la fatalité des chiffres, l'élimination annoncée.

Le marasme est tel que le rationnel que je suis, en désespoir de cause, cède à la tentation de faire appel à la magie blanche.

Claude me comprend très bien, qui me regarde sans rire et acquiesce : « Pas de problème, on va téléphoner à Sidi. »

Le Sidi en question a fait sa réputation dans le milieu avec quelques bonnes prédictions, paraît-il. Il n'est plus temps d'être sceptique, je suis ouvert à toute proposition et celle-ci semble fiable : Sidi, m'assure-t-on, est garanti 100 %, il fait revenir la chance à tous les coups.

Pour l'instant, il faut s'occuper du règlement au bureau de poste. Un transfert d'argent à Sidi, un virement équivalant à cinq cents euros, montant qui semble dérisoire en comparaison de l'enjeu du match et du handicap sérieux avec lequel nous jouons.

Je reçois un coup de fil du marabout, je découvre Western Union.

Sidi confesse être particulièrement pessimiste, mais ajoute qu'en sacrifiant un certain nombre d'animaux, tels que des poulets ou des chèvres, il peut éventuellement modifier la situation. Tous les jours, je cherche à savoir s'il a réussi à influer sur le destin de la rencontre. Mais son pronostic et ses solutions restent inchangés.

Sa litanie dure jusqu'à trois jours avant le match. Là, il prévient que nous avons une minuscule chance de gagner.

Sidi annonce que nous allons remporter la victoire le lendemain, et de manière magistrale, par cinq buts à zéro ! *A priori* très très très peu probable. Mais nous sommes prêts à croire en tout, et surtout au plus incroyable.

Et Sidi est précis : non seulement il donne le score, mais il fait son petit cadeau de marabout, son bonus de fidélité, en révélant que le quatrième but sera marqué à la quarante et unième minute par le numéro 18.

Le 18, l'avant-centre Florian Maurice a marqué à la quarantième minute. Le match était parti très fort. Marco Simone avait marqué le troisième but à la trente et unième minute, effaçant notre retard du match aller.

Le quatrième but nous démarque et nous délivre du poids de l'échec aux qualifications ; c'est le ticket d'entrée à la Ligue des champions. Et la confirmation des pouvoirs de Sidi.

Pour que ses prédictions soient entièrement exactes, Sidi ayant bien dit 5-0, il manquait un cinquième but, arrivé en seconde période par le pied de Raï, le champion récidiviste du jour. Le prodige était bouclé.

*

Certains présidents de club ou entraîneurs en situation délicate m'ont parfois demandé discrètement le numéro de Sidi. Ce fut le cas quelques années plus tard de Leonardo, qui entraînait alors le Milan AC.

Son problème, et cette difficulté me faisait sourire, était que, au bureau de poste dont il dépendait, il était connu comme le loup blanc et n'aurait pas pu faire un mandat à qui que ce soit sans que toute la presse italienne sur place soit au courant. Il m'a demandé de le suppléer, éventuellement.

Ensuite, j'ai continué un peu à employer les talents de mon marabout, dont une fois pour le club de Châteauroux, l'année où la Berrichonne est allée en finale de la Coupe de France. Jusqu'à ce qu'il se trompe un peu sur la dernière prévision et que je m'en remette à nouveau exclusivement à des paramètres logiques et directement maîtrisables.

Les petits rituels pour conjurer le sort, les gestes irrationnels sont assez présents dans l'univers du foot. Quelques-uns ne serrent que certaines mains, d'autres comptent les feux verts sur les boulevards ou enfilent telles chaussettes spéciales…

Tous les sportifs de haut niveau ont des manies qui leur servent à évacuer le stress précédant les matches. Chacun a son gris-gris, son habitude conjuratoire, son timing personnel, ses médailles, ses prières.

Comme si les résultats de foot dépendaient du ciel, de la chance ou d'autre chose qui n'a aucun lien direct avec le sport.

Les toits de Cannes

Mai 1984, 15 h 30,
palais des Festivals, Cannes.

Il ne dit rien, comme souvent. Il regarde, il observe. C'est un taiseux, Jean. Il aime être là, se marrer de nos bêtises, renchérir d'une plaisanterie légère, l'œil brillant. Je l'invite chaque fois que je monte une émission, avec Gérard Depardieu, son compère, son double dionysiaque.

Cette année, c'est ma première émission à Cannes pendant le Festival, et c'est pour TF1.

Dès mes premières expériences de présentation à la télé, je conjure le sort, je trouve ma tranquillité et mon plaisir en appelant des complices. Nous attendons le démarrage de l'émission sur la terrasse du palais, habillés comme des princes, avec costumes clairs de saison ; c'est un dimanche après-midi.

Mais, comme nous avons eu le temps de déjeuner, nous avons aussi eu l'occasion de boire sur cette magnifique terrasse plombée par le soleil. À la table de Gérard Depardieu et Jean Carmet, l'eau reste en souffrance. Le générique de l'émission « Champion » que je présente sur TF1 va bientôt démarrer.

Gérard, qui a absorbé une bonne quantité de liquide, a besoin de passer aux toilettes. Mais il n'a ni le temps ni l'envie de s'y rendre, alors il ouvre sa braguette directement sur la terrasse et se met à pisser par-dessus la balustrade.

Alors qu'il prend plaisir à se soulager, un coup de vent ramène violemment son jet sur ses vêtements, un ensemble gris très clair. Lequel est maintenant tacheté de gris sombre. Le fou rire qui nous secoue, Jean et moi, redouble lorsque nous le voyons essayer de résorber les auréoles avec de l'eau, aggravant les dégâts.

Ces situations burlesques ravissent Jean Carmet, qui est capable de disserter pendant des heures sur une scène de ce genre. Et c'est encore plus drôle, l'affaire devenant de plus en plus grotesque et pimentée au fil de la soirée et des années. Jean Carmet avait cette capacité rare de raconter les films avec un tel talent qu'il donnait envie de courir les voir. Il était souvent bien meilleur que le long-métrage en question.

Le lien entre Gérard et Jean est fraternel et profond, mais souvent masqué. Ils sont comme chien et chat. Et vice versa.

Une voiture sans plancher

1996, Grozny, Tchétchénie.

Le ciel, zébré d'éclairs qui ne sont pas naturels, répand une lumière alternative, jaune et blanche, faisant de la capitale de la Tchétchénie un tableau cauchemardesque.

La journée n'a pas été calme.

Les sifflements des tirs sont si stridents qu'ils pourraient couper mon cigare en deux. J'essaie de voler un moment de tranquillité dans le jardinet enneigé de cette maison qui abrite des journalistes.

Nous sommes en pleine zone de conflit. Les reporters s'organisent depuis six mois pour survivre et faire leur métier. Les conditions de vie sont spartiates et le danger partout. Les hôtels n'existent plus et les quelques journalistes qui n'ont pas déserté cette ville réduite à néant par les Russes dorment chez l'habitant.

Les repas n'en sont pas vraiment. Le dîner est composé d'une espèce de bouillon très clair parsemé d'os sans moelle et sans viande. Les journalistes dorment à une dizaine dans la même pièce, par terre, sur des couvertures, des restes de matelas, dans des sacs de couchage, et ont pour visiteurs réguliers les souris qui sortent des trous constellant les murs de la baraque.

*

J'ai rejoint dans ce pays sinistré Manon Loizeau, journaliste française spécialiste de la Tchétchénie.

Après l'avoir cherchée des heures à travers la ville, j'ai atterri dans un immeuble délabré et poussé une porte. J'ai été pris à la gorge par un nuage de fumée de cannabis derrière lequel j'ai découvert une bande de soldats tchétchènes surexcités et, au milieu, la jeune journaliste française, souriante et très à l'aise.

Elle est la meilleure. Elle connaît le pays sur le bout des doigts et a réussi à se faire accepter par les Tchétchènes, à se planquer avec eux dans leurs QG. Mais elle a aussi ses sources chez les Russes et va leur rendre visite. Manifestement, elle n'a pas peur, tourne ses images, fait ses interviews, pose des questions dérangeantes, insiste, ne lâche rien. Elle réalise un film pour l'agence Capa, avec laquelle j'ai organisé mon incursion ici. La partie documentaire d'une heure de mon émission sera assurée par Manon et un autre journaliste formidable, Maurice Najman. Elle viendra éclairer et enrichir l'interview, socle de l'émission. Cette fois-ci, l'interviewé sera le général Alexandre Lebed.

Nous sommes en 1996, et ce général des forces armées de la Fédération de Russie, secrétaire du Conseil de sécurité russe, et qui a été chargé de résoudre le conflit en Tchétchénie, se présente maintenant à l'élection présidentielle contre Boris Eltsine.

On dit que cet homme modéré, qui a passé son temps à dénoncer la politique russe d'écrasement militaire de l'insurrection tchétchène dans le Nord-Caucase, qui a refusé de participer au putsch de Moscou contre Gorbatchev en 1991, qui pointe les excès et la corruption du pouvoir russe, a ses chances. En Russie, il incarne une deuxième ouverture, après la Glasnost de l'ancien président auquel il est fidèle. Il a du charisme et porte une histoire hors du commun ; il trace son destin avec des convictions fortes et une liberté qui le protègent du jugement des autres. Peut-être suffisamment pour accéder au premier rôle en Russie.

Mon voyage est organisé avec Hervé Chabalier, le patron de Capa ; il prend contact avec l'entourage de Lebed, qui donne son accord. Direction Moscou, où j'ai rendez-vous avec Lebed.

Mais rien ne se passe comme prévu. Nous devons le voir, et puis non, et puis oui, et puis non. On nous explique ensuite que, pour le voir, il faut aller à Grozny.

En Tchétchénie, donc. D'après Najman, il n'y a pas de vol direct pour la capitale, l'aéroport ayant probablement été anéanti ; il faut se poser en Ingouchie, un territoire aux frontières de l'Ossétie, de la Tchétchénie et de la Géorgie. Et, de là, s'aventurer...

La voiture dans laquelle j'effectue les cent kilomètres de route rocailleuse n'a pas de plancher. Elle est beaucoup trop vieille pour ça. Le chauffeur n'a pas l'air de douter que nous arriverons à destination dans son tas de ferraille brinquebalant. Je n'ai jamais vu un tel modèle, ni un taxi pareil. La route est très mauvaise et sinueuse, et le chauffeur, taciturne.

Le véhicule ralentit. Devant nous, un barrage plein de sacs de sable, des bidons, une barrière en bois et des types en uniforme, armés jusqu'aux dents. Deux d'entre eux s'adressent au chauffeur, qui me dit de descendre du véhicule et de donner mes papiers.

La tête de ces militaires, assez patibulaire, leur équipement, un arsenal de kalachs, la langue impénétrable, le ton autoritaire, le lieu, ce check-point isolé, ne sont pas pour me rassurer. Je m'exécute. Sans un mot, je leur remets mon passeport. Un moustachu le prend et part avec dans le petit baraquement où ils s'abritent.

Au bout de dix minutes, toujours personne. Avant d'embarquer pour Moscou, Jacques Attali, ancien conseiller de Gorbatchev, expert des us et coutumes politiques russes, m'avait averti : « Ils vont vous suivre tout le temps. Dès l'avion, vous ne serez pas seul. Ils sauront exactement ce que vous faites, dans l'avion et après. »

Un quart d'heure plus tard, l'homme revient avec mon passeport. Nous pouvons reprendre notre route.

Au lendemain de notre arrivée à Grozny, Manon nous guide à travers la ville en ruine. Et nous finissons par le trouver. Grand et large, le général Lebed impose le respect. C'est lui qui décide : « Pour le rendez-vous, on verra. On va voir. Venez demain. »

Pas d'autre choix que de répondre : « Oui, merci, à demain. »

En fait, il n'a pas prévu de nous accorder un entretien le lendemain, il veut que nous assistions à un événement historique dans lequel il a joué un rôle crucial, puisque c'est lui qui a signé les accords de paix de Khassaviourt : l'intronisation du chef de l'armée séparatiste tchétchène, Aslan Maskhadov, qui devient président.

Le petit palais de Grozny, resté debout et fier au milieu des décombres, est cerné par six cents Tchétchènes armés de kalachnikovs. À la tribune présidentielle, le général déroule son discours de bienvenue au nouveau président de Tchétchénie. Il termine son allocution et serre la main de Maskhadov. Les kalachs se lèvent et tirent en l'air toutes en même temps. Les balles volent. Trop. Nous avons le réflexe de nous jeter par terre dans la boue sur le ventre en nous bouchant les oreilles.

Ici, la vie ne semble pas avoir le même prix. Soldée par des années d'histoire tourmentée et cruelle. Ici, on meurt si facilement. La vie n'a plus d'importance depuis que la survie l'a remplacée.

Le général a disparu, non sans nous avoir donné un nouveau rendez-vous... à Moscou. Retour au point de départ dans une ambiance glacée.

Le lendemain, le fameux général a continué à jouer au chat et à la souris. Alain de Greef, directeur des programmes de Canal Plus, venait aux nouvelles régulièrement : il ne pouvait plus attendre davantage. J'ai alors moi-même annoncé à mon contact que je rentrais en France. Ils m'ont envoyé une voiture.

Nous avons fait l'entretien dans un petit appartement, au deuxième étage d'un immeuble d'une cité HLM. En toute discrétion. Lebed a répondu à toutes les questions. Désespérément simple au regard de ce qui avait précédé l'interview.

Alexandre Lebed exposait tous ses projets pour la Russie, revenait sur la crise tchétchène et son issue, racontait son passé politique.

Finalement, il a perdu l'élection. Elstine a été réélu.

La place de parking

Années 90, Parc des Princes,
porte de Saint-Cloud.

Ma place de parking au Parc des Princes m'accorde la garantie illusoire d'obtenir une place de gagnant pour le PSG. Une superstition, qui me réussit plutôt.

J'y tiens tellement, à cette tradition conjuratoire, que le jour où le chauffeur de Tibéri, devenu adjoint au maire de la capitale, par ignorance, me l'emprunte, je me mets en colère et je fais déplacer sa voiture. Quelques jours plus tard, quand je lui raconte l'anecdote, Artur Jorge, le coach du PSG, me répond très finement : « Donc, vous êtes en train de me dire que vous n'avez pas confiance en moi ? »

Huit jours après, un soir de match, je note qu'il porte la même chemise qu'à la rencontre où nous avions gagné. Je lui en fais l'observation. Il me répond : « Ah ! Vous avez remarqué… »

Dans le placard des Guignols

17 mai 2013, local de rangement du « Grand Journal », Cannes.

On ne dit pas un mot. On se regarde, on a les yeux grands ouverts dans ce réduit qui sert à stocker les marionnettes des Guignols. Notre respiration est anormalement rapide. Les deux acteurs plongés dans ce cauchemar avec moi me font un effet miroir.

Daniel Auteuil, aussi livide que moi, essaie de tendre l'oreille pour percevoir ce qui se passe dehors ; Christoph Waltz s'est assis, les jambes certainement aussi molles que les miennes. Les agents de sécurité sont sortis et nous ont donné des instructions : « Vous ne bougez pas de là ! Vous ne sortez pas avant qu'on vous l'ait dit. »

Étrangement, je ne pense à rien et à tout.

*

Les instants qui ont précédé ont été très rapides. Le « Grand Journal » se déroulait normalement, en direct, comme depuis quatre jours, sous le ciel cannois. J'interviewais Daniel et Christoph, tous deux membres du jury du Festival cette année, quand j'ai entendu des coups de feu derrière, sur la Croisette, et vu la foule pressée aux barrières du plateau se coucher. Quelqu'un a hurlé : « Évacuez ! Partez ! Couchez-vous ! »

En dix secondes, j'ai couru en me penchant le plus possible jusqu'à ce local. Les autres ont fait comme moi. Le service de sécurité nous a rejoints.

Nous attendons que le silence soit revenu dehors pour sortir. Être enfermés ici ne nous rassure pas. On pense tous à la même chose : le fou pourrait nous trouver là et nous buter sans que nous puissions lui échapper, sans que les deux types de la sécurité puissent l'en empêcher.

Daniel fait un effort, surhumain, de légèreté. Il me dit, la voix mal assurée : « Est-ce que c'est un tournage et qu'on a oublié de me prévenir ? Ou une caméra cachée ? » L'endroit est petit, confiné.

Un des agents de sécurité est revenu au bout de cinq minutes pour nous libérer. La place était nette, nous pouvions sortir sans risque.

On nous a expliqué qu'un dingue avait tiré un coup de feu et dégoupillé une grenade sur la Croisette. Il a fait ça au hasard, sans malveillance particulière contre nous. Son projet n'était pas d'attaquer le « Grand Journal ». C'était juste un déséquilibré qui cherchait à se faire remarquer et tirait des balles à blanc. Les balles à blanc, on le sait après. Bien sûr, étant donné l'ampleur des dispositifs de sécurité pendant le Festival, il a été neutralisé d'une manière rapide et musclée, puis embarqué par la police.

Le soir, l'individu était en prison, je ne courais plus aucun danger, pourtant j'éprouvais encore de la peur. J'ai appelé ma femme, Martine, elle m'a rejoint très vite. Daniel Auteuil a fait pareil.

Cette nuit-là, pour la première fois de ma carrière, j'ai eu envie de tout arrêter. Je me suis senti seul.

Quelques jours plus tard, dîner Vanity Fair chez Tétou à Golfe Juan. Avec Jonathan Newhouse, Karl Lagerfeld et Xavier Romatet, nous recevons une centaine d'invités. À ma table, le multimilliardaire russe Dmitri Rybolovlev que je connais depuis peu et qui a racheté le Club de Monaco.

– J'ai appris qu'il y a eu des coups de feu sur le plateau, me dit-il.

– Oui et j'ai eu vraiment peur.

– Ça fait toujours ça la première fois.

Tartiflette et compagnie

2006, plateau du « Grand Journal ».

Même Claire Chazal se prête au jeu : glisser un nom ou un mot improbable au cours d'un JT ou d'un talk-show pour gagner un pari.

En sport, l'exercice est facile, surtout lors des matches étrangers, quand il y a un gros plan sur un banc de touche avec deux adjoints et trois soigneurs à côté du coach. Citer le nom de son cousin ou de sa concierge est facile. Sur un plateau, c'est plus sportif, et le summum, c'est de caser un mot très inhabituel face à un invité précis.

Mon plus beau fait d'armes : prononcer en direct le mot « tartiflette » face à Lionel Jospin, alors retraité de la vie politique. Il faut savoir l'amener, bien préparer sa phrase : « Monsieur Jospin, ces temps-ci, le PS, c'est un peu une tartiflette… » Hop, casé !

Pas de réaction de l'ancien Premier ministre, qui enchaîne avec sa placidité légendaire.

En revanche, Gad Elmaleh m'a démasqué quand j'ai réussi à caser « baluchon » au cours d'un plateau. « Vous allez partir en tournée et reprendre votre baluchon… » Il s'est arrêté net. Et m'a dit : « Baluchon ?… » Coincé !

Les artistes invités jouent, eux aussi, à ce jeu. Le champion toutes catégories est, à ma connaissance, Daniel Auteuil – et il met la barre assez haut. Dès qu'il commence à citer intégralement le casting de son film en promo, tout le monde sait qu'il va finir par caser le « fameux » mot. Cela donne : « Avec mes camarades Virginie Ledoyen, untel, untel… et Jack Face [pour *éjaculation faciale*] »…

Bravo l'artiste !

Un nœud papillon en mai 1968

Mai 1968, Limoges.

Les couloirs de la radio sont désertés. Les journalistes, en grève, n'assurent presque plus l'antenne, suivant le mouvement général qui paralyse la France de mai 1968.

En clair, le moment est mal choisi.

Je viens de débarquer à Limoges, sans contrat, à la pige. Si je ne travaille pas, l'argent ne rentre pas.

L'occasion s'était présentée pendant mon service militaire dans le XVe. Un journaliste de France Inter, Pierre Salviac, que j'y ai rencontré, avait gardé un bon souvenir de la station de Limoges et un contact avec son rédacteur en chef, François du Sorbier, me précisant, en me communiquant ses coordonnées, qu'il portait toujours un nœud papillon en plus d'une particule.

Je suis allé le voir avec mon costume, décoré d'un nœud papillon que je croyais nécessaire. Mais cela n'a rien changé : il n'avait pas de place à proposer dans sa rédaction – seulement des piges, donc de petits revenus hypothétiques.

En mai 1968, j'ai surtout mangé des pâtes !

Le chien à un million de dollars

Mars 2005, brigade financière,
bureau du juge Renaud Van Ruymbeke, Paris.

Ce rendez-vous, je l'éviterais bien, mais une convocation chez un juge, on n'a pas le choix.

Renaud Van Ruymbeke me convoque comme témoin assisté parce qu'il va à la pêche aux informations éclairantes sur les malversations de ceux qu'il mettra en examen, deux de mes successeurs à la tête du PSG.

Les comptes du PSG ont été clarifiés et remis à flot. Je n'ai pas joué avec le fisc, j'ai évité les ennuis autant qu'il est possible dans un univers aussi peu naïf que celui du foot. Prendre la tête d'un club, c'est s'exposer à des fréquentations parfois douteuses, des tentations de tout type, des situations compliquées. Le sport brasse tant d'argent qu'il n'attire pas que les moines et les passionnés.

La spéculation, les petits arrangements entre amis, les achats d'arbitre, tout peut arriver devant vous ou, pire, avec vous, si vous n'y prenez garde. Les plus forts sont, hormis ceux qui font leurs preuves à leur poste, ceux que les scrupules étouffent le moins.

Mon avocat – maître Foirien, ça ne s'invente pas – m'a bien briefé la veille : « S'il parle de choses qui ne vous concernent pas, mais que vous savez un peu, n'entrez pas dans la conversation, parce que sinon, en deux minutes, il va considérer que vous êtes impliqué. Savoir un peu suffit pour cela. » En clair, surveiller chaque mot.

Évidemment, la consigne ne met pas très à l'aise. Sur un plateau télé, je suis accoutumé au contrôle des phrases, du temps. Mais, dans le cadre des émissions, j'ai mon costume de présentateur, mon habit de professionnel, qui me donne cette maîtrise.

Nous sommes très loin de la télé. Et je suis Michel Denisot, un type qui a mal dormi. À l'entrée, un paparazzi attend et s'enfuit courageusement après avoir fait son œuvre pour *Le Parisien.*

Renaud Van Ruymbeke, avec ce visage effilé, ces lunettes larges et fumées, ce pincement de lèvres sous une moustache mystérieuse, ne me rassure pas. À son actif, Clearstream, Urba, les frégates de Taïwan… J'ai assez suivi l'actualité dans ma fonction de journaliste pour être au courant des ultra-compétences de Van Ruymbeke.

*

Nous sommes quatre dans une pièce austère du Pôle financier : lui, son greffier, mon avocat et moi. L'ambiance n'est pas spécialement chaleureuse et je me réjouis d'avoir bu un café avant de partir, parce qu'ici on ne m'en proposera pas.

Le seul truc auquel j'ai droit, à part être assis, c'est un interrogatoire. Deux longues heures.

Je réponds le plus sincèrement possible : ce que je sais, je le dis ; ce que je ne sais pas, je le tais. Pas d'enrichissement personnel, de transferts réglés par la direction financière de Canal Plus d'abord, puis de gros dossiers, une enquête très minutieuse sur la période qui me concerne et la suite qui ne me concerne pas et pour laquelle deux de mes successeurs seront condamnés.

Au bout de deux heures, je commence un peu à me détendre sur mon fauteuil. J'oserais presque demander un café.

Alors que l'audition semble s'achever, les mains du greffier au repos, Van Ruymbeke reprend. Il évoque un transfert entre l'OM, dirigée alors par Bernard Tapie, et le club du Servette de Genève. Avec retour du joueur à l'envoyeur, Marseille. Mais j'ignorais cette histoire, elle ne me concerne pas, alors je ne peux lui fournir aucun élément.

En revanche, ce qu'il vient de me raconter me rappelle une autre histoire que j'ai bien envie de lui livrer à la place. Alors je me lance : « Je ne sais rien à propos de cette histoire, mais j'ai une blague qui ressemble à ça. »

Le juge ne pipe mot ni ne me regarde. Mon avocat me lance un regard interrogateur. Il doit se demander où je vais, comme ça. Afin d'être bien certain que je ne vais pas énerver Van Ruymbeke, j'émets un deuxième signal : « Mais je ne vais pas vous raconter une blague maintenant ? ! »

Il ne dit toujours rien, ce que j'interprète comme une invite. Mon avocat me fusille du regard. Je me retourne et regarde le greffier, assis à un bureau derrière nous, avec insistance.

Il comprend et pose son stylo.

« Alors voilà, ça se passe à Wall Street. Un trader arrive le matin et voit, en bas de l'immeuble de la banque, un type avec un chien marqué "à vendre : 1 m $". Il s'arrête et dit au type : "Un million le chien ? Il doit être extraordinaire pour ce prix ! Il chante ? Il parle ? Il danse ? Il est d'une race super-rare ? Qu'est-ce qu'il a de spécial ?" Le type répond : "Non, non, il n'a rien de spécial." Alors le trader : "Impossible de le vendre un million de dollars alors !" Mais le type s'obstine : "Si, si, je le vendrai un million de dollars, vous verrez !" Le trader, sceptique, entre dans l'immeuble et monte travailler.

« Le soir, en quittant la banque, il revoit le type. Sans le chien. Il est curieux de savoir à quel prix le type l'a vendu. Il répond : "Un million de dollars, je vous l'avais dit !" Alors le trader demande : "Mais comment vous avez fait ?" Le type lui répond : "C'est simple, j'ai échangé le chien contre deux chats à 500 000 dollars !" »

Le juge esquisse un sourire, que sa moustache a vite fait d'occulter. Je croyais que c'était fini. L'interrogatoire a repris pour une heure et, quand on s'est quittés, il m'a dit qu'il en resterait là sauf découverte nouvelle.

Il en est resté là.

Jean et Gérard

Octobre 1992, vignoble de Valençay.

Avec Jean Carmet et Gérard Depardieu, la porte n'était jamais close entre l'authentique, notre vie, le travail, le spectacle. Eux, la comédie ; moi, le journalisme télé. Une société du spectacle mais secrète, avec des rites spécifiques, une initiation, des réunions de loges aux allures d'estaminets : c'est ce que nous formions, avec ces deux-là et d'autres Castelroussins comme Jean Bardet, le futur chef de renom. Avant qu'il n'aille monter son affaire étoilée à Tours, celui-ci servait même de point de ralliement avec son restau. Carmet, originaire de Bourgueil et grand amoureux de la région, faisait régulièrement des sauts à Châteauroux.

Quand il avait soif, fréquemment donc, Carmet débarquait chez Bardet et y passait la soirée, voire la nuit. Le plaisir de goûter de bons produits avec au moins un de ses copains suffisait au bonheur de Jean.

Au contraire de Gérard, bruyant et narratif, il ne racontait pas grand-chose, ou des histoires assez banales, et aurait pu sembler, à un inconnu, assez terne et plat. L'effort d'ouvrir la bouche n'était justifié que par un verre plein ou la tentation d'une bonne vanne. Entouré de silence.

*

Après la bonne table de Bardet, il a fallu trouver d'autres endroits convenables. À l'instar de Gérard, qui a satisfait son fantasme de viticulteur, dès que j'ai été en mesure de le faire, je me suis acheté des vignes à Valençay. Les premières années de mon acquisition, nous étions tous très motivés, enthousiastes, et nous avons pris l'habitude de nous retrouver tous là-bas pour les vendanges.

Entre-temps, à l'équipe originelle s'était agrégé Jean-Pierre Coffe, grand amateur de bonne chère et personnalité joviale.

Le voyage jusqu'à Valençay était déjà l'aventure. C'est mon assistante, confidente et amie, Violette, qui s'occupait de la logistique, et notamment d'emmener Jean jusqu'à nous.

Amatrice de vieilles voitures, elle utilisait à l'époque un combi Volkswagen beige à l'ancienne. La tradition voulait qu'elle parte très tôt de Paris pour passer prendre Carmet et son épouse à Sèvres.

Elle connaissait la durée du voyage dans l'Indre avec l'acteur. Elle savait qu'il n'était pas question de prendre l'autoroute, de se presser, quand l'alternative, visiter les bistrots qui longent la nationale, s'imposait. Elle n'ignorait pas non plus qu'il était inutile de suggérer une autre possibilité et que la patience, qualité innée chez elle, serait indispensable.

Personne n'avait jamais envie de refuser quoi que ce soit à Jean. Il était trop touchant pour cela.

Quand il arrivait chez moi, après avoir sifflé l'énergie de tous les PMU du trajet, alors qu'un autre aurait été plongé dans un irréversible coma éthylique à la moitié, lui, était en pleine forme. Sa capacité d'absorption était sidérante. Et le vin lui mettait le vin à la bouche : il se mettait, à peine arrivé à Valençay, à causer technique, taillage de vignes notamment. Il insistait : « Il faut tailler très court. » Mais mon vigneron affirmait l'inverse : « Non, il faut tailler plus long », et les discussions n'en finissaient pas.

Jean avait des théories sur le vin et les développait généreusement. Avec ce sujet adoré et les vapeurs magiques qui nous entouraient, il devenait disert.

Depardieu et Coffe rigolaient bien quand il s'engueulait avec mon vigneron. On en avait pour une partie de l'après-midi.

Et puis, finalement, ce qui nous paraissait totalement impossible s'est produit. Jean est mort. On était pourtant convaincus qu'il était protégé par autant de bonnes choses, de gens et de tendresse, qu'il était conservé dans cet alcool qui devait lui rendre l'existence soudain moins vide, plus intéressante.

Gérard perdait un autre père.

Avec Jean-Pierre Coffe, il a veillé son cher décédé. Ils ont passé la nuit à boire ensemble, comme ils l'avaient souvent fait tous les trois.

Sous le soleil de Pialat

Janvier 2003, Paris.

Les ombres ne se taisent pas toujours pour Gérard Depardieu. Celle de Pialat encore moins. Quand nous sommes arrivés chez le réalisateur qui venait de mourir, son épouse Sylvie et son fils Antoine nous ont accueillis. Je suis resté avec eux tandis que Gérard, digne mais blême, gagnait la chambre de Maurice. Il s'était allongé sur le lit à côté de Maurice, et il lui parlait.

Son rapport à la mort est frappant, on dirait qu'il la nargue et, quand il écrit à Dewaere, qui nous a déjà quittés, qu'il est « monstrueusement vivant », il l'éclaire en deux mots.

*

Pialat disparu, c'est un géniteur en cinéma dont il doit faire le deuil. Le réalisateur à la réputation de bourru l'a choisi jeune, inexpérimenté, gauche. Non seulement il a fait de ces maladresses une matière précieuse pour ses films, mais il en a fait la force de Depardieu, l'acteur.

Dans *Sous le soleil de Satan*, les séquences qui peuvent sembler mal jouées s'avèrent aussi les plus frappantes, les plus intenses.

Maurice, initialement, m'avait casté pour le film. Je n'ai jamais vraiment compris ses motifs, et je l'ai soupçonné d'avoir éprouvé un plaisir pervers à me mettre en situation de faiblesse, sur un terrain méconnu, celui du jeu et de la comédie.

Pour me convaincre d'accepter de venir sur le tournage, il m'avait longuement flatté, me répétant à l'envi que j'avais les qualités nécessaires et que les autres acteurs, de toute façon, étaient des cons.

Je suis tombé dans le panneau.

Après avoir accepté, il a fallu que je m'arme de courage. Pialat m'avait offert le rôle du docteur et j'étais censé donner la réplique à Sandrine Bonnaire. Je la connaissais puisque je l'avais rencontrée en même temps que le cinéaste, au moment de la sortie de *À nos amours* en 1984.

Il était mon invité, tout comme son actrice, dans une émission que je présentais le dimanche sur TF1, « Champions », parce qu'il venait d'obtenir le César du meilleur film. Un lien s'est créé ce jour-là et nous avons toujours continué d'échanger.

Il m'appelait de temps à autre pour prendre de mes nouvelles et essayer de me proposer un rôlc dans l'une de ses œuvres, d'abord dans *Police*. Sandrine, entre-temps, était devenue une jeune star, et les jours précédant les essais, je commençais à me sentir mal à l'aise d'avoir à donner la réplique à une comédienne de cette stature. Je m'en suis ouvert à Gérard :

– Comment je vais être capable d'être en face d'elle sans flipper ?

– Ben, c'est simple, fais comme moi : quand tu lui parles, imagine que tu parles à sa moule.

J'en ai conclu que je n'étais pas fait pour ça ! J'ai réussi les essais, que filmait Cyril Collard, l'assistant sur le film de Maurice, lequel m'a appelé et confirmé qu'il me prenait.

Je devais tourner quinze jours avec Gérard et Sandrine Bonnaire. Mon bulletin de santé était bon, les costumes étaient prêts, le producteur, Daniel Toscan du Plantier, d'accord, mais, à cause d'une émission quotidienne que je devais assurer et d'un planning de tournage très chaotique, je n'ai jamais été le docteur de *Sous le soleil de Satan*.

Finalement, c'est l'un des techniciens du film qui a fini par endosser mon rôle. Et quand, à Cannes, des mois plus tard, j'ai vu Pialat et l'équipe du film monter les marches et recevoir la Palme d'or, j'ai pensé que c'était mieux comme ça.

J'aurais probablement éprouvé un net sentiment d'imposture. Pialat a refait une tentative pour me convertir en faux acteur après *Sous le soleil de Satan.*

*

C'était pour son ultime film, *Le Garçu.* Un jour, il m'a appelé pour me dire : « Michel, est-ce que tu peux venir tourner demain avec Gérard ? Il y a un rôle de notaire de province, ça te va parfaitement ! »

J'ai dit oui, parce qu'il m'a précisé qu'il n'y aurait pas de problème avec le texte : je n'aurais rien à apprendre de la veille pour le lendemain. Je les ai rejoints dans un petit hôtel particulier du VIIIe arrondissement de Paris et on m'a habillé pour la scène de deux minutes trente que j'avais à tourner avec mon complice de Châteauroux. Il s'agissait d'une consultation notariale sur une question d'héritage.

Assis derrière un bureau massif sur lequel, au milieu des faux dossiers obèses d'étude, traînaient négligemment mes répliques, je devais me montrer un peu solennel et grave pour être crédible. Mais Depardieu, avec lequel j'en étais déjà alors à quelques années de bouffonneries, avait décidé de m'en empêcher.

À la première prise, cinq secondes après le bruit du clap, il lâche un pet retentissant en me regardant dans les yeux sans ciller. Je continue comme je peux, puis j'éclate de rire. Avant la deuxième prise, j'espère sans grande conviction qu'il ne va pas réitérer. Je connais cet état d'être un peu allumé par un premier fou rire qui risque de devenir permanent. Bien sûr, dès que le deuxième clap claque, il recommence et pète en grande pompe. Re-rire. On a fait trois prises comme ça, totalement gazés par Gérard. La quatrième devait être la bonne.

En découvrant le film, j'avais disparu au montage. Pialat m'en a spontanément donné les raisons. Avec un air sérieux et un ton traînant pour jouer la gêne, il m'a servi une explication que je m'apprêtais à avaler : « Écoute, je ne peux décemment pas laisser la séquence parce que Gérard est tellement mauvais comparé à toi ! Je ne peux te laisser comme ça en porte-à-faux en face d'un débutant. Ce ne serait pas juste. »

J'ai aimé Pialat, comme un symbole d'indépendance, avec le même respect pour sa capacité à déranger, à manier la mauvaise foi comme une pelle de vérité, à soulever le débat et susciter des polémiques.

Et j'ai vu son génie, son sens du réel, son œil de cinéaste-dieu qui voit tout, surtout le mal, mais qui pardonne l'humain. Parce qu'il est pathétique et que ses larmes lui donnent son ampleur. J'ai souri des rapports de Gérard/Maurice, couple maudit, dont les deux parties cimentées par l'histoire du cinéma n'ont su ni s'aimer ni se séparer, mais ont passé leur destin commun à le refuser, à tenter de trancher dans le vif de leur mythe ensemble pour reprendre chacun son bien.

Parfois, Maurice m'appelait et se plaignait de Depardieu, dont il me disait avec beaucoup de passion et d'irritation : « Il fait vraiment n'importe quoi ! Il est fini là, déjà ! Tu verras, il va avoir besoin de moi pour sauver son image... »

*

Pialat le susceptible, l'ombrageux, était un homme lumineux d'intelligence, qui ne cessait de m'étonner avec ses histoires, notamment quand il se mettait à me raconter les métiers qu'il avait appris avant de devenir réalisateur, tel vendeur de machines à écrire.

Il était expressif. Soit par la pellicule, soit par les pinceaux. Car il peignait. Ses toiles, Sylvie, sa femme, les a montrées après sa mort. Chacun des visiteurs a pu voir qu'il était un maître en peinture expressionniste autant qu'un grand du septième art. Ses gouaches, paysages perclus de jaunes vifs, de bleus intenses et de rouges criards, ou ses personnages aussi maladifs, osseux et déformés que ceux d'Egon Schiele, aussi effrayants que ceux de James Ensor, ont laissé un souvenir profond aux visiteurs de l'exposition à la Cinémathèque.

D'ailleurs, le lien entre sa nature de peintre et son cinéma, ce sont ses plans, leur immobilité. C'est lui qui m'a appris à poser mon regard sur un film et à apprécier la fixité d'une perspective, la grâce d'un œil arrêté sur une séquence, qui lui laisse le temps d'exister, de trouver sa dimension.

Pialat m'a rendu sensible aux charmes du plan fixe et hermétique à la mode Dogma, hostile aux caméras parkingsoniennes et myopes.

Jet privé et mobylettes

Mars 1993, tarmac de l'aéroport, Le Bourget.

Il fait chaud sur le tarmac. L'été extrait des vapeurs sèches du béton et les petites roues frottées des avions privés qui le sillonnent sont au bord de l'étincelle. Dans une quinzaine de minutes, on va s'envoler pour l'Italie.

Mon complice et ami, directeur sportif du PSG, Jean-Michel Moutier, m'accompagne, ainsi que l'entraîneur, Artur Jorge, et son adjoint, Denis Troch. Martine est aussi du voyage. Dans quelques jours, nous allons jouer contre la Juve ; nous avons besoin de la voir en action auparavant pour adapter la préparation de l'équipe.

Nous avons une belle équipe, l'ambiance est positive, solidaire, familiale même, ce qui échappe totalement au monde extérieur. La moitié de notre existence, nous la passons ensemble.

Nous partageons les trajets, les angoisses, les espoirs, les hôtels, les repas…

Nous connaissons nos réactions dans toutes les situations extrêmes, défaites ou victoires, et nous dépendons les uns des autres, ce qui sacralise nos liens. Une équipe, c'est être ensemble, être le même cerveau, la même âme. Être dans une bienveillance si profonde qu'elle tolère les taquineries, les jeux de rôle, comme dans les familles.

Chez nous, par exemple, la tête de Turc, c'est un peu Jean-Luc Sassus. C'est à cause de son hypocondrie. Les veilles de match, il commence à sentir qu'il va tomber malade ou qu'il l'est déjà. Il répand l'information qu'il est souffrant sans jamais préciser de quoi. En fait, il cristallise son flip dans ses tracas de santé imaginaires. Pour le calmer, il lui faut au moins le kiné, le soigneur et des médicaments.

C'est un inquiet qui cherche sans cesse à se rassurer. Avant. Parce que, pendant les matchs, il est à fond, il court comme un dingue sans se fatiguer. On le charrie souvent à ce sujet : « Heureusement qu'ils ont fermé les portes du stade, autrement tu aurais continué de courir ! »

Un jour, pendant la sieste, je suis réveillé par un bruit qui vient du couloir. Je me dresse sur mon lit, agacé de constater que les consignes données à la réception de ne pas déranger l'équipe n'ont pas été suivies. Je m'apprête à demander poliment, en ouvrant la porte de ma chambre, au personnel de cesser ce raffut. Mais je ne dis rien quand je vois Jean-Luc faire des longueurs dans le couloir avec ses chaussures à crampons !

Il était en train de les tester pour le match du soir, il n'était pas sûr, il était inquiet de ne les avoir jamais portées.

Devant l'importance de l'enjeu, une Coupe d'Europe, nous agissons maintenant avec une double obligation : celle des moyens et des résultats. Si nous n'oublions pas de plaisanter un peu avec Jean-Michel, nous sommes globalement très sérieux au moment de grimper dans le jet, déjà en pleine discussion stratégique.

C'est là qu'il débarque, visible comme toujours avec ce corps imposant et cette dégaine bien particulière, tout à la fois souplesse et maladresse. Dans la brume de chaleur qui recouvre Le Bourget, Gérard ressemble à une apparition. Voire à une hallucination produite par mon état de fatigue et de nervosité. Avec ce physique massif, il aurait fait un excellent gardien de hockey. Mais, tout comme moi, c'est plutôt le foot qui l'a attiré. En fait, tout comme la plupart des adolescents, en particulier quand ils n'ont pas les moyens de se payer d'autres distractions.

Gérard avait rejoint les cadets de l'équipe de la Berrichonne de Châteauroux à l'âge de seize ans et, avec son gabarit, il avait hérité du poste de gardien de but. Avec son intelligence bien concrète, il avait trouvé la technique au moment des tirs pour empêcher que le ballon n'entre : il poussait des cris si monstrueux et terrifiants qu'aucun attaquant n'osait taper dedans. Même sur un terrain, il trouvait le moyen de se distinguer.

Quand, bien longtemps après, je me suis retrouvé dirigeant du club de foot de la ville, j'ai demandé de l'aide à Gérard. Financière. À l'époque, en 1989, le club était relégué en troisième division, et je cherchais activement de l'argent pour le remonter. J'avais déjà tapé une bonne partie des amis que je savais être originaires du coin, mais ça ne suffisait pas. Alors, finalement, je suis allé voir Gérard et lui ai expliqué mon problème ; il a réagi dans l'instant et m'a signé un chèque.

Évidemment, le Paris-Saint-Germain, c'est une autre échelle que Châteauroux. J'en suis conscient, mais je ne mesure pas le chemin parcouru depuis.

Je ne goûte pas trop la nostalgie, je préfère demain, et demain, c'est tout de suite. L'urgence me pousse toujours, je ne remets pas à plus tard : la procrastination m'angoisse. Gérard n'attend pas non plus. Lui aussi, est conscient du trop tard. Des morts, il en a connu quelques-uns. Patrick Dewaere, par exemple, le pote avec lequel il arrivait, sans avoir dormi, sur le tournage des *Valseuses*, sous le regard paternel et bienveillant de Bertrand Blier, puis Guillaume.

D'une grosse voix rigolarde sur le tarmac du Bourget, au moment où nous nous croisons, Gérard me dit : « Michel ! Regarde, tu pars en jet privé, moi, j'arrive en jet privé. Quand tu penses qu'on volait les mobylettes à Châteauroux ! »

En fait, je n'ai jamais volé de mobylette, mais lui, oui !

On trouve parfois des trésors dans un coffre de voiture

Mars 1995, commission de discipline de la LFP, Paris.

Mauvaise passe. Il risque gros, le jeune joueur prodige. Trop de tempérament, c'est ce qui lui donne du ressort sur le terrain et lui a permis d'en arriver là. Mais, aujourd'hui, ça peut lui coûter un an de suspension. Lors d'un match de CFA, Edvin Murati a bousculé un arbitre. Il n'aurait pas dû.

1994. Coup de fil de la gendarmerie de Saint-Germain-en-Laye à Jean-Michel Moutier. Ils ont trouvé un gamin, un Albanais de seize ans, qui a passé la frontière dans un coffre de voiture avant d'arriver en stop dans leur ville.

Il se serait enfui d'Albanie sous prétexte d'aller voir l'équipe de foot, le Partizan Tirana, jouer à Rotterdam.

Aux gendarmes, il serine qu'il veut jouer au foot, qu'il est là pour ça, qu'il a un grand frère ici, qui joue au foot.

Les gendarmes nous appellent parce qu'ils connaissent notre centre de formation et ne savent pas quoi faire d'Edvin. Ils n'ont pas de raison de le mettre en prison, il n'a commis aucun délit.

Au début des années 90, on ne met pas les enfants isolés dans des centres de rétention. Les gendarmes insistent. Si nous ne nous en chargeons pas, le sort de cet adolescent sera bien incertain. Alors nous allons le chercher et nous le ramenons au centre de formation. À première vue, il semble assez renfermé, mais très mûr et très volontaire.

Il est ambitieux, il veut s'en sortir et s'entraîne à fond. Il cherche à nous prouver que nous avons fait le bon choix en le récupérant à la gendarmerie. Il réussit et devient professionnel.

Comme son niveau est encore trop juste pour intégrer le PSG, je le prends à Châteauroux en seconde division, où il joue brillamment. Mais son bonheur, le succès enfin atteint, est sans cesse gâché par les mauvaises nouvelles d'Albanie. Sa mère, très malade, nécessite des soins que nous essayons de l'aider à lui procurer.

Ensuite, il a pu rejoindre le PSG, où il fait un vaillant milieu de terrain, et, en 1998, il obtient la double nationalité et sa première sélection. Puis ça a été l'Allemagne, Lille, Bastia et la Grèce. Une belle trajectoire dans plusieurs clubs.

Aujourd'hui, il est consul d'Albanie en France. La dernière fois que j'ai entendu la voix d'Edvin Murati, il m'appelait de Matignon, où il s'entretenait avec le Premier ministre.

J'ai souri.

Le malheur de Sophie

Juin 2006, 23 h 30,
patio de l'hôtel Martinez, Cannes.

Sophie Marceau est effondrée. Elle vient de nous rejoindre dans un endroit discret, le patio de Canal Plus, où nous sommes à l'abri des regards extérieurs. Elle voudrait disparaître, qu'on l'oublie, elle et sa prestation de tout à l'heure. Elle est encore au bord des larmes. Elle vient de passer un moment très délicat : elle s'est pris les pieds dans le tapis avant d'annoncer l'attribution de la Palme d'or à *Rosetta*, des frères Dardenne.

À la sortie de la cérémonie, personne ne savait dire où elle était. Avec Kristin Scott Thomas, maîtresse de la cérémonie, nous avons fini par appeler son agent que je connais bien, Dominique Besnehard, qui a commencé par m'engueuler à juste titre, me rappelant qu'il était contre cette idée, puis me l'a passée.

Maintenant qu'elle est là, dans la petite cour, elle nous répète qu'elle a « perdu pied ». En effet, on se rappelle assez précisément ce qui s'est produit, tant c'était marquant.

Une séquence à la fois très rapide et très lente. Infiniment lente pour Sophie Marceau, qui a eu le temps de se voir glisser devant la salle comble du palais des Festivals, chancelante et perdue.

Elle paraissait dans un état altéré, déplacée dans un autre monde incompréhensible pour l'assistance. Maintenant, elle mesure combien elle a paru bizarre. Nous tentons de la consoler, mais nos arguments pèchent.

Pendant que nous déployons inutilement nos efforts, elle se passe la séquence en boucle. Il lui faudra un peu de temps pour récupérer sa confiance et faire oublier un moment malheureux dont les images, perversité de la société du spectacle, sont diffusées partout pendant une période bien trop longue pour aider l'oubli et la guérison de la blessure d'ego.

Je n'aurais pas dû pousser autant que je l'ai fait pour qu'elle vienne remettre la Palme d'or. Elle n'était pas partante, la logistique semblait compliquée.

À cinq jours du palmarès, nous n'avions pas trouvé la star qui remettrait la Palme d'or, à la cérémonie de clôture. Comme nous faisons chaque année, nous nous sommes concertés, avec Renaud Le Van Kim et Gilles Jacob, et le nom de Sophie Marceau a été prononcé et validé. J'ai concrétisé l'idée en lui passant un coup de fil. Elle a répondu par la négative en m'expliquant que, ce dimanche-là, elle serait dans les Alpes le matin à un événement d'une association pour les enfants dont elle est la marraine.

Elle ne se voit pas voyager dans la journée pour être à Cannes le soir, elle n'imagine pas bondir d'un univers à un autre, si violemment différent. Du social, de la réalité, au Festival, au rêve.

Et elle a raison.

Mais, obstiné, j'insiste, pensant sincèrement que c'est une bonne idée, et propose de mettre à sa disposition un hélicoptère. J'ajoute qu'on peut monter une couverture médiatique qui bénéficiera nécessairement à l'association – je parle d'un reportage dans *Match*. L'hebdomadaire pourrait la suivre du matin, avec les enfants dans les Alpes, au soir, à Cannes, avec le petit monde du cinéma. Je sens que je suis en train de la convaincre.

Elle me dit oui.

*

Le fameux dimanche arrive et elle avec, aux alentours de 16 heures. Comme je savais qu'elle n'aurait pas le temps de rédiger son intervention pour le soir même, j'ai demandé à l'une de nos plumes, comme ça se fait d'ordinaire, de le faire pour elle. Quand elle me rejoint, je lui passe les quelques lignes, assez simples, qui ont été écrites pour elle. Elle prend la feuille, lit rapidement, émet un long « pfffffff », froisse le papier, en fait une boulette qu'elle jette par terre en s'exclamant, navrée : « Non, ça ne va pas du tout. Avec ce que je viens de vivre, je ne peux pas dire ça. »

C'est là que je m'inquiète.

En la regardant de plus près, je la trouve un peu absente. Mais je pense encore qu'elle peut être excellente malgré cet état. Mais je me suis fourvoyé. Elle n'aurait peut-être jamais dû mettre le discours aux orties. Elle aurait su comment se récupérer, se lançant dans une improvisation.

Là, elle s'est perdue et n'a vu aucune branche à laquelle se raccrocher, hormis la main de Kristin Scott Thomas, maîtresse de cérémonie, qui, au comble du malaise, interrompt un peu brutalement le speech filandreux et sauve une Sophie Marceau égarée, mais qui, ce soir-là, est apparue perdue comme tout le monde peut l'être.

Quelques semaines plus tard, un sondage la donnait actrice préférée des Français, loin devant ses consœurs.

L'ongle incarné du général

1997, bateau-mouche sur la Seine, Paris.

Il fait bon sur le pont. Paris défile lentement, lumineux. Le général Lebed a l'air satisfait de la soirée. Le bateau-mouche privatisé pour un invité de marque étranger, c'était une bonne idée. Et puis, depuis le temps, il est presque familier et méritait un cadre un peu exceptionnel pour la célébration de son anniversaire de mariage. Ce général ne doit pas faire confiance à grand monde, mais, là, il est détendu.

Nous nous sommes revus à Paris après la Tchétchénie et Moscou, où Jacques Attali, le conseiller spécial qui m'avait donné quelques conseils avisés au sujet de la Russie et des pratiques de ses services secrets, avait organisé un dîner en son honneur, auquel était convié, entre autres, Roland Dumas.

Le général Lebed est un sentimental peu démonstratif. Il est russe. Mais, à cet instant, il paraît heureux. La soirée se déroule dans la magie d'une balade nocturne en bateau.

Pour le cigare et le digestif, nous nous sommes éloignés sur le pont. Depuis le début du repas, malgré son air joyeux, je devine qu'il a besoin de me parler, en aparté, à l'écart de nos épouses.

Notre conversation en tête-à-tête a pour seul témoin la Seine. Finalement, il se lance, gêné.

– Il faut que vous m'aidiez. J'ai l'ongle d'un doigt de pied en très mauvais état, incarné, infecté, je ne sais pas. En tout cas, ça me fait un mal de chien. Je dois voir un docteur, c'est urgent.

Je lui promets de l'aider à résoudre son problème. Il me remercie vivement : il a mis tous ses espoirs en moi.

Le lendemain, il a reçu à son hôtel, l'« Intercontinental », le médecin et le podologue du PSG appelés en urgence, comme si le général Lebed allait devoir enfiler des chaussures à crampons et défendre sur le terrain les couleurs du PSG !

Quand, deux jours plus tard, je l'ai appelé pour prendre des nouvelles de son doigt de pied, il n'a pas vraiment répondu à ma question, mais a préféré me raconter qu'il avait jeté dans les plantes vertes les calmants que le docteur lui avait prescrits.

Quelques années plus tard, le monde entier a appris qu'il était mort dans un accident d'hélicoptère en pleine nuit.

Le peintre est un chef-d'œuvre

1976, 14 heures,
maison de Salvador Dalí, Cadaqués.

Sa maison est blanche et biscornue, fichée au dessus d'une crique ; de l'extérieur, elle ne dit rien de ses merveilles. À l'intérieur, une décoration insolite saisit l'œil du visiteur. Dalí lui ressemble.

Mais être autorisé à entrer dans la demeure du peintre surréaliste relève du défi. Malgré toutes les précautions prises pour assurer un rendez-vous, malgré la réponse positive obtenue à la demande d'interview faite par Yves Mourousi, avec qui je travaille, la porte de Dalí reste close.

L'interphone ne m'a pas ouvert quand j'ai sonné une première puis une seconde fois. Au contraire, la voix qui parle dedans va jusqu'à me menacer : « Monsieur, vous quittez le pays. Monsieur Dalí va appeler la police. Vous n'avez pas à le voir ! »

On n'argumente pas dans ces cas-là, on choisit plutôt de faire demi-tour et de rentrer à son hôtel dont on a, en pure perte, laissé le nom à l'interphone furieux. Et on appelle son rédacteur en chef, en l'occurrence Yves Mourousi, pour l'avertir que le formidable sujet qu'on rêvait de rapporter semble compromis.

Heureusement, les bons rédacteurs en chef, qui ont l'habitude de ce genre de rebondissements, réconfortent et encouragent leurs journalistes à ne pas s'estimer vaincus.

Hors de question donc de quitter la ville.

Finalement, on m'appelle à l'hôtel ; je suis attendu chez Salvador Dalí, il va me recevoir tout de suite.

Mais, tout de suite, ce n'est pas maintenant.

L'attente est si longue que l'artiste devient mirage.

En traversant la maison, le sentiment d'illusion, de théâtre dadaïste, est là. Une succession d'escaliers et de terrasses organisées en alcôves, avec matelas et coussins, des objets étranges, un ensemble assez fidèle aux rumeurs qui disent l'artiste adepte fanatique de sexe.

Le temps, lui aussi, est conforme à Dalí : il s'étire comme une montre molle.

On dirait qu'il peint tranquillement à l'étage en écoutant RMC. La radio française hurle dans toute la demeure.

Pour tromper mon ennui, j'écoute tout en scrutant le premier étage.

Au moment où je commence sérieusement à désespérer de jamais voir Dalí, il descend, sa moustache fine hirsute, vêtu d'une sorte de djellaba multicolore. Assez dépenaillé dans l'ensemble, et assez sale.

Dans cet état, il ne donne pas envie de le filmer. Ça tombe bien parce qu'il n'est pas encore prêt à m'accorder un entretien. Il me regarde, une fois parvenu au pied de l'escalier, et me jette un : « On se verra demain. » Voilà, c'est tout. Il ne pouvait pas être plus bref et définitif.

*

Le lendemain, je refais le chemin en sens inverse et, là, il me parle tout en sculptant une petite figurine dans de la cire, parfaitement capable de réaliser un objet magnifique tout en conversant !

Mais l'interview, trop courte, ne répare pas la frustration des jours précédents et ne suffit pas pour alimenter le sujet télévisé.

Il n'est pas si fou, il en a conscience. Alors il m'offre de l'accompagner le jour d'après à un déjeuner qui est donné en son honneur au musée qui lui est consacré à Figueras.

Me voici attablé à côté de lui, aux premières loges de ses sorties délirantes, de son accent incongru et de ses roulages de r excessifs. Il me prévient : c'est lui qui choisit pour moi dans le menu, et il compte me commander une spécialité très particulière, du boudin au miel nommé « boutifar », terme qu'il prononce, lui, « boutifarrrrrrrrrrrr ».

Il ajoute, d'un ton paternaliste : « Il faut manger ! Je t'ai dit que c'était bon. »

Il décide d'interrompre le déjeuner avant le dessert.

Et disparaît.

Le « Que sais-je ? » sur lui, prêté par ma belle-sœur Sylvie avant mon départ et qui a fait le voyage à Cadaqués, porte l'autographe de Dalí sous un dessin religieux, une croix et un crucifix, et une belle dédicace : « À Michel De Nizo ».

Les petits chèques de Poulidor

Années 60, stations-service.

Il était pingre, mais il avait des idées à revendre. Raymond Poulidor, le grand second du Tour de France, ne payait pas l'essence.

En ce temps-là, on remplissait presque le réservoir de son automobile avec seulement cinq francs. Alors Poulidor ne faisait jamais le plein afin de rédiger des chèques d'un montant suffisamment peu élevé pour ne pas être encaissés, mais plutôt punaisés sur le mur au-dessus de la cheminée, entre la photo de jeune fille de mémé et celle de pépé à l'âge du service militaire.

Un agent ébloui

1992, Cinecittà, Rome.

Dans l'air de ces immenses studios flottent encore les voix des réalisateurs italiens qui ont dirigé des films de légende ou de mauvais péplums. Comme Hollywood, la cité du cinéma dans le quartier de Don Bosco, à Rome, referme quelques chapitres d'une encyclopédie vivante de l'histoire du septième art.

Un cadre forcément impressionnant pour quelqu'un qui n'a pas l'habitude des merveilles du cinéma, qui n'a jamais foulé le sol de studios comme ceux-ci. C'est le but, éblouir mon interlocuteur afin de mieux négocier l'affaire : le transfert de George Weah de Monaco au PSG.

Nous n'en sommes officiellement qu'aux préliminaires, mais, en réalité, nous avons déjà nos billes : nous sommes déjà en train de négocier. Assis seuls autour d'une petite table ronde dans cet énorme studio, mon interlocuteur est Jacques Pérais, susceptible de me mettre sur la piste d'un très bon joueur.

Président du Paris-Saint-Germain, je m'efforce de recruter les meilleurs joueurs possibles sans pour autant prendre les plus chers. Il est hors de question de donner l'impression à nos abonnés que nous choisissons d'engloutir leur argent avec le PSG dans des caprices, c'est-à-dire des enchères folles qui se déclenchent parfois pour obtenir tel joueur incroyable et fabuleux. Canal Plus n'est pas le Qatar. En tout cas, pas encore !

Parfois, les sommes sont ridiculement élevées, proportionnellement aux talents du joueur. Et certains joueurs perdent de vue, dans ce genre de processus de valorisation artificielle, ce qui importe : bien jouer, s'améliorer, se sentir bien dans l'équipe. Les plus jeunes sont les plus vulnérables, qui se font éblouir par l'argent de leurs aînés et feraient n'importe quoi pour obtenir l'équivalent, voire plus.

Celui qui suscite alors mon intérêt est donc George Weah, joueur libérien de Monaco, dont j'ai entendu dire il y a quelque temps par mes sources dans le milieu qu'il pourrait être amené à quitter le club de la principauté. Ça m'intéresse.

Avant toute chose, je tiens à vérifier l'information de ce départ possible de Monaco.

Jacques Pérais me le confirme et me dit pourquoi. Je l'interromps alors qu'il s'apprête à me donner un énième argument pour justifier le montant du transfert de Weah d'un : « Il faut qu'on arrête, ils vont commencer à tourner. » Au moment où il se lève de sa chaise, Sylvester Stallone arrive.

Il tourne *Cliffhanger*. Je le connais un peu pour l'avoir reçu sur Canal plusieurs fois. C'est un grand professionnel, comme seules les stars américaines peuvent l'être. Quand je l'invite, il anticipe tout au millimètre, balance les infos qu'il a courtoisement glanées sur moi, se prête à tous les jeux – même celui de la boîte à questions.

Un plaisir.

Jacques Pérais qui en a vu d'autres roule des billes énormes. L'affaire est bien partie. Une semaine plus tard : j'ai recruté George Weah après une dernière négociation avec Jean-Louis Campora, président de Monaco, et Pierre Lescure, venu spécialement en principauté. L'accord scellé, Jean-Louis Campora décrochera son téléphone pour informer Arsène Wenger, son entraîneur.

Bernadette n'entend pas

2009, rue des Saints-Pères, Paris.

En rentrant un soir du « Grand Journal », j'entre dans une petite épicerie-traiteur de la rue des Saints-Pères pour quelques emplettes rapides. D'abord, je suis seul dans la boutique. Bientôt, nous sommes trois, sans compter le caissier.

Une dame vient d'entrer. Il s'agit de Bernadette Chirac et de son officier de sécurité. Je lui dis « Bonsoir ! » d'une voix tout à fait audible.

Mais, au moment où je la salue, elle tourne vivement la tête vers les rayons. Son garde du corps, derrière elle, sourit largement tant la scène est croquignole. Je réalise qu'elle me déteste à cause de la campagne de rire longue durée lançée contre sa marionnette par les Guignols – à laquelle elle m'assimile. Les blagues sur ses basketts Chanel, son sac à main, ses rapports avec son mari… elle ne doit pas y goûter.

Elle n'aime pas Canal.

Châteauroux-Paris

1967, rue Mouffetard, Paris.

Nous ne sommes pas d'ici : nous venons tous de Châteauroux.

Et, en cette année 1967, pour nous, la liberté s'est déjà levée. Imaginons une table, je vois tous les jeunes Castelroussins les plus saillants, les personnalités un peu plus marquées, les plus influencés par la brise d'outre-Atlantique de la base américaine de Châteauroux. Gégé, bien sûr – son surnom est « Pétarou » à l'époque –, Gérard Depardieu, le roi de la fête, le titan de la joie, est celui dont la tête dépasse le plus.

À sa droite, celui auquel il doit d'avoir atteint Paris en stop, Michel Pilorgé, qui l'a emmené ensuite au Cours Florent où il prenait lui-même des cours de théâtre.

C'est un fils de « bonne famille », ses parents étaient médecins.

Dans cette bande colorée, il y avait aussi le frère de Gérard, Alain, qui se faisait appeler Bob parce qu'il trouvait ça mieux. Les deux Depardieu manifestaient à Paris le même esprit d'à-propos et un sens aigu du système D. Ils avaient toujours des plans pour s'en sortir.

Jacky Merveille, l'ami Richie des Happy Days de Châteauroux, n'est plus là, lui. Il a trop pris la roue du destin de James Dean : il est mort d'un accident et a laissé aux autres le soin, à l'avenir, de ne jamais cadrer Gérard. Jacky s'est planté en voiture, un Corvair, la décapotable a basculé dans l'Indre sur le pont de Déols. On a retrouvé son corps bien après l'accident.

À moi aussi, il manque aujourd'hui le meilleur ami d'enfance et d'adolescence : Pierre Merlot, le jovial, avec lequel je passais mon temps, dont les parents tenaient un café-restaurant à la sortie de Châteauroux. J'y étais souvent et m'y suis même fait un peu d'argent de poche en servant. Le lieu, assez vaste, recevait les week-ends la plupart des mariages du coin et me donnait l'occasion d'être embauché en extra.

Dans ces cas-là, les menus étaient décidés et leur prix fixé. Ce qui variait et gonflait l'addition, à la fin de la soirée, c'était le vin. Les clients payaient ce qu'ils avaient bu, il suffisait pour cela de compter les bouteilles.

Par pure bienveillance, légèrement teintée de malice, je remplissais généreusement et fréquemment les verres. Alors, quand arrivait la note, astronomique, les familles des mariés grimaçaient et se plaignaient de la lourdeur de ma main. Ça faisait rire Pierre, que je prenne soin de remplir la caisse de ses parents.

Nous les respections au point de ne pas faire chez eux notre blague préférée, mais pour cela d'émigrer au café de la Gare. Après nous être procuré des œufs frais et les avoir planqués dans nos poches, nous nous installions au bar, exactement en face du présentoir d'œufs durs.

Dès que le garçon avait le dos tourné, nous opérions notre petite substitution.

Après, il nous suffisait d'attendre gentiment que quelqu'un ait l'idée de manger un œuf dur. On ne s'en lassait pas.

On était assez joueurs. Surtout lui. Avec une 2CV Citroën qu'il empruntait à ses parents, on allait au Mont-Dore, au casino. Un jour, il a tellement perdu qu'il ne nous restait plus d'argent pour l'essence du retour. Mais, à ce moment-là, la base de l'OTAN n'avait pas quitté Châteauroux et le trafic de cigarettes américaines ne décélérait pas. Comme nous étions partis avec une cartouche, nous l'avons vendue et avons pu ramener la voiture à ses parents.

Comme moi, il n'avait aucune raison de venir à Paris.

Les bons plans de Claude François

1969, Limoges.

Claude François est le rédacteur en chef de la station de radio et de télé de Limoges dans laquelle j'ai trouvé une place après le service militaire. Il m'a pris sous son aile et m'enseigne l'art de se débrouiller dans le métier. Bon journaliste, il peut tenir à l'antenne vingt minutes sans notes et sans remplissage.

Il me forme aussi aux arts de l'apéro. En arrivant à Limoges, je ne buvais pas une goutte ; en repartant, j'aurai pris d'autres habitudes.

Ce Claude François là ne danse que sur les tables. C'est un bon vivant qui me montre les lieux à connaître du Limousin, dont la Corrèze, pour la bonne chère et le bon vin.

Nous faisions régulièrement des reportages dans un village à côté de Turenne pour son auberge, dont le patron, Bébert Marbouty, un sosie parfait du président américain Johnson, est de fait devenu mon marronnier : j'en suis au moins à trois reportages sur lui.

L'occasion de sortir le foie gras, d'excellents champignons et de goûter quelques spécimens de sa cave. Claude François en profite pour me raconter des anecdotes et m'offrir ses trucs de journaliste qui sait y faire. Il a une façon très particulière de dérouler ses histoires en tiroirs, m'expliquant l'intérêt primordial de l'expression « quoi qu'il en soit ».

Il me dit en riant : « Tu vois, Michel, c'est très pratique le "quoi qu'il en soit", ça permet de relier n'importe quoi à n'importe quoi, de passer du coq à l'âne comme on veut, et discrètement ! »

Quoi qu'il en soit, il est temps de passer à table avec Jean-Luc Mélenchon…

À la table de Mélenchon

Août 2012, restaurant « Le Benkay », Paris.

Depuis quelques mois, Jean-Luc Mélenchon ne venait plus sur mon plateau. Motif : un échange assez vif entre lui et moi au cours duquel il m'avait pris pour un inculte. Il avait employé une locution latine, « *in cauda venenum* », en parlant à Ali Baddou, et m'avait indiqué avec un geste imposant que c'était du latin, comme si je n'en savais rien. J'ai fait six ans de latin et mon beau-père était prof de latin et de grec. Le clash qui a suivi a été assez vif, et il n'est pas revenu. Mais, avec les politiques, ce genre de brouille n'est jamais définitif. Quelques mois plus tard, nous nous retrouvons…

L'atmosphère du repas est un peu tendue, surtout au début. Nous avions rendez-vous dans un restaurant japonais, le Benkay, sur le front de Seine, non loin de mon bureau.

Paris est désert parce que nous sommes en plein mois d'août. Je prépare la programmation de la rentrée. Et je pense inviter le leader du Front de gauche, dont chaque passage est très attendu.

*

J'arrive le premier et on me conduit à une table située au milieu de la salle. Quand Jean-Luc Mélenchon arrive seul dans le restaurant, il me dit bonjour. Il semble un peu stressé.

– M. Denisot, je suis désolé, mais on ne peut pas s'asseoir là.

– Ah bon ?

– Non, il faut que je sois dans un coin : j'ai trop peur qu'on m'attaque.

– D'accord.

Nous nous sommes installés au fond, il s'est détendu et nous avons bavardé de façon très appréciable. J'ai compris qu'il m'avait mal jugé au début, me prenant peut-être pour un autre.

Quand il a appris que j'avais été, tout comme lui, enfant de chœur, on a rigolé. Et il en avait marre que Jean-Michel Aphatie lui rappelle son lien avec Fidel Castro et le régime cubain. J'ai passé avec lui un moment agréable, chaleureux.

Il est revenu. C'est un leader très particulier, très cultivé. Je crois qu'il a envie qu'on l'aime.

Il y a quelques mois, pendant la campagne des municipales à Châteauroux, dans la tribune officielle du stade, le candidat Front de gauche, Éric Bellet, qui est un copain, a embrassé sur les deux joues le candidat UMP Gil Avérous. Jean-Luc Mélenchon ne l'a pas su. Il en a exclu pour moins que ça.

La vraie vie politique sur le terrain est bien différente des joutes parisiennes.

L’évidence de Cannes

Mai 1985, hôtel Majestic, Cannes.

Gérard Depardieu m’a un jour appelé à Cannes. Il était en pétard.

Il sortait d’un direct sur France 3, la chaîne qui retransmettait à l’époque la cérémonie d’ouverture du Festival de Cannes.

Il avait dû trouver le temps long ; en tout cas, il n’était pas content. Sans me faire de commentaires ni me raconter quoi que ce soit, il se lance dans un discours dont la thèse est que le Festival de Cannes doit vite migrer sur Canal : « La chaîne du cinéma, maintenant, c’est Canal, alors cette cérémonie-là doit aller sur Canal ! »

Il avait raison, c’était tellement évident.

J’étais admiratif de la pertinence de sa réaction. Mais il ne s’est pas contenté d’émettre l’idée. On s’est retrouvés très rapidement dans sa suite au Majestic avec Pierre Lescure et Gilles Jacob.

L'intelligence des uns et le charisme de l'autre ont pesé. Canal Plus est devenue la chaîne du Festival de Cannes.

Comme ça.

Julia R., la star aux pieds nus

2001, soirée des Oscars, Los Angeles.

On roule depuis longtemps. Au fur et à mesure que nous approchons de notre destination, les « blocs » que nous traversons sont de moins en moins éclairés. Pas nécessaire de bien connaître Los Angeles pour comprendre qu'on s'est un peu éloignés du centre-ville. Étonnant que cette adresse excentrée pour la fête d'une superstar hollywoodienne.

Les « parties » qui ont lieu tous les soirs pendant les Oscars se déroulent plutôt sur la colline, dans des villas blanches somptueuses, agrémentées d'une piscine, le tout sur un terrain de dix hectares.

Là, le décor est différent : urbain, très peu fréquenté.

Tout à l'heure, nous étions en plein rêve, à la cérémonie des Oscars, au milieu des superstars américaines, comme si nous étions des leurs ; maintenant, nous sillonnons un autre quartier de Los Angeles.

Tout à l'heure, nous applaudissions à tout rompre Julia Roberts dans sa sublime robe noire et blanche sculpturale, qui se levait juste devant nous et allait chercher sur scène son Oscar de meilleure actrice dans le beau rôle militant d'Erin Brockovich.

Maintenant, avec le boss des Studios Universal, qui ont produit le film de Steven Soderbergh, et Pierre Lescure, nous sommes censés nous rendre à la fête très privée qu'elle organise pour célébrer cette victoire.

Finalement, nous nous garons sur un parking d'hôtel de zone industrielle. Manifestement, nous sommes arrivés à destination. Par la fenêtre, on peut voir une espèce d'agglutinement d'hôtels. On n'est vraiment plus du tout à Hollywood, là.

À l'entrée, deux types font barrage. Il faut leur montrer patte blanche pour qu'ils s'écartent. Je ne comprends rien à ce qui vient de se dire, je vois juste que je marche derrière Pierre Lescure et M. Universal à travers un dédale de couloirs à peine éclairés.

Après cinq minutes de déambulation, nous atteignons une porte, gardée, comme l'entrée de l'hôtel, par deux hommes. En nous voyant de plus près, l'un d'entre eux s'exclame : « Oh, Michel, qu'est-ce que tu fais là ? Ça fait plaisir de te voir ! »

Il est français et fan du PSG. C'est un ancien du Kop de Boulogne ! Je l'ai quitté depuis trois ans, mais je reçois encore de nombreuses marques de reconnaissance.

Son collègue est aussi de chez nous. Nous discutons cinq minutes avant d'entrer dans cette fête décidément spéciale.

C'est Julia Roberts elle-même qui nous accueille – nous sommes une vingtaine – dans la suite. Elle a ôté sa tenue royale de tout à l'heure pour revêtir un jean et un tee-shirt. Elle reçoit pieds nus. Elle n'a pas plus d'effort à faire dans l'intimité.

Ce soir ne l'entourent que ses proches, sa famille et ses amis.

Outre-Atlantique, elle a la réputation de donner peu d'interviews, de s'exposer le moins possible. Cultiver l'ombre, sans pour autant être en proie à la paranoïa permanente d'être vue. Comme si être vue, c'était être prise.

Julia Roberts est une femme comme les autres. En tout cas, l'actrice fait tout pour, même le jour de sa consécration.

Surtout le jour de sa consécration.

« Je suis quelqu'un de très ordinaire, mais qui a un travail extraordinaire », m'a-t-elle dit.

Jacky Merveille

Début des années 60,
avenue Victor-Hugo, Châteauroux.

On dirait qu'à Châteauroux il n'y a qu'une rue. Parce que c'est là, sur deux cents mètres, que tout se joue, qu'on peut poser, livrer son image, peaufiner sa réputation. Avenue Victor-Hugo, c'est le défilé, surtout en fin d'après-midi, au moment où les gens ont plus de temps pour s'observer et commenter.

C'est la première scène sur laquelle Gérard s'est naturellement imposé. Il la captait, avec sa dégaine de blouson noir, son air goguenard, son regard mi-doux mi-dur, et son pote, son compagnon d'immoralité, grand et fort, à sa droite.

Avec ses cheveux gominés, sa corpulence de Johnny Weissmuller, sa dégaine à la James Dean, Jacky Merveille porte son nom à la perfection. Il fascine autant qu'il fait frissonner les Castelroussins.

Les filles fantasment, les hommes hésitent, les vieux tremblotent à l'évocation ou à la vue des deux loulous, Gérard et Jacky. Quand l'un ou l'autre demandait l'heure, le passant sollicité préférait donner tout de suite sa montre.

On les craignait. Jacky et Gérard étaient un peu les « kings » de la rue à Châteauroux, les mauvais et bons garçons du cru, influencés par l'esprit rock et gangster américain qui flottait autour de la base aérienne de l'OTAN, la plus grande d'Europe, où Dédé, le père Depardieu, a travaillé.

Des centaines de soldats US à Châteauroux et autant d'opportunités de s'amuser, de faire du petit commerce, de se dévergonder au contact de l'*American way of life*.

Comme il l'a souvent raconté, Gérard s'encanaillait dans les bars à prostituées avec les GI's et participait à un marché noir de cigarettes et d'alcool. Malin et débrouillard, probablement parce qu'il avait, à ce moment-là, passé plus de temps dans la rue qu'à l'école, Gérard dominait. Livré à lui-même, il ne s'était pas obstiné dans la voie classique, mais l'avait abandonnée à treize ou quatorze ans.

J'avais tenu plus longtemps que lui à l'école. Beaucoup plus longtemps même, puisque j'avais fait durer le plaisir en triplant ma première. J'étais un motif d'inquiétude pour ma mère, mais je n'étais pas inquiet ; insouciant, oui.

Globalement, quel que soit le moment de ma scolarité, on ne peut pas dire que j'aie eu la passion des cours. C'était souvent un lieu d'ennui, dont l'intérêt exclusif était de fréquenter des copains. Parmi eux, il y eut le frère de Jacky, Michel.

C'est par son intermédiaire, en allant chez lui, que j'ai croisé Gérard les premières fois. Pour un gamin comme moi, enclin à la plaisanterie et curieux, il était pourvu des qualités nécessaires quand on se prépare à être un homme : l'assurance, la gouaille, l'astuce, l'intelligence de la bêtise. Il incarnait un genre de modèle de débrouillardise.

À quinze ans, j'avais décroché un boulot dans le journal local, *Centre-Presse*, déjà animé par l'ambition d'être journaliste. Je rédigeais des brèves de vies et autres petits articles sur le sport, les faits divers et la vie locale en général. J'apprenais le job et le fonctionnement d'un média régional.

Dans ces années-là, il y avait des sténos chargées de taper ce que les journalistes avaient écrits à la mano. Chez nous, à *Centre-Presse*, elle s'appelait Hélène, et avait pour frère… Gérard. C'est par son biais que nous nous sommes apprivoisés, peu à peu.

Un ami, on le laisse tranquille, en étant là. Un ami, c'est quelqu'un qu'on connaît bien, mais qu'on aime quand même, et j'aime plus Gérard qu'il ne le sait, quoi qu'il en soit…

Au service de sa Majesté

1967, rue du Faubourg-Saint-Honoré,
Élysée, Paris.

J'étais basé dans le XVe, à Dupleix, et ma mission, en tant que maréchal des logis, ne me faisait pas beaucoup transpirer.

Un jeu d'enfant, gratifiant de surcroît : je devais remettre leur solde tous les quinze jours à mes comparses, les autres conscrits. Une poignée d'entre eux, ceux qui avaient de grandes compétences en hôtellerie, travaillaient au service de la République dans les cuisines ou les couloirs des ministères ou de l'Élysée, occupé par le Général de Gaulle.

Ceux-là, ce que je leur versais de la part de l'armée, quelques francs, du savon, du cirage et des cigarettes, ils s'en moquaient. Ils avaient beaucoup mieux à disposition, alors ils m'abandonnaient leurs cigarettes et, surtout, me laissaient traîner dans les cuisines et me servir. Je profitais bien de la situation.

Quelques fois, je suis rentré de mission de l'Élysée un peu « fatigué ».

Une sieste dans la suite

Mai 1992, hôtel Martinez, Cannes.

Le rendez-vous doit demeurer secret. Les rumeurs ont déjà circulé, les médias sont à l'affût de la moindre bribe d'information.

Pour garantir une discrétion totale, nous arrivons tous par des voies et des transports différents. Les dirigeants du Milan AC, Galliani et Braida, le président et le directeur du club, sont venus d'Italie par la route. Le joueur George Weah a débarqué à Cannes par avion et, de mon côté, j'ai atterri à Nice. Carole Bouquet, qui présente la cérémonie du Festival – dont je suis le coproducteur –, m'accompagne.

Lorsque nous arrivons à Nice deux jours avant l'ouverture du Festival, quelques journalistes nous attendent à l'aéroport, convaincus que « nous », c'est George Weah et moi. Ils sont très surpris de constater que le remplaçant du joueur du Milan AC dans l'avion est Carole Bouquet !

Cannes, pour mener à terme des négociations entamées quelques mois plus tôt avec le club milanais de Silvio Berlusconi, est le lieu parfait.

La mer, le soleil, les stars et le glamour, les paillettes, un décor agréable pour mettre à l'aise les interlocuteurs, et l'assurance d'un minimum de confidentialité : la foule pendant le Festival est très importante et compacte. Il est plus facile d'y monter des rencontres, masquées par le flot humain et le nombre de stars au mètre carré qui détournent l'attention des journalistes. À Cannes, où tout le monde va pour se montrer, on peut aussi ne pas être vu.

Les ponts entre mon métier de journaliste qui présente les émissions spéciales de Canal Plus à Cannes et ma responsabilité de président du PSG se font naturellement. Il se trouve que la période du Festival coïncide avec celle des transferts dans le foot.

Et à ce moment précis, pour le PSG, ce que nous voulons, c'est finaliser les tractations avec le Milan AC pour le « transfert » du joueur libérien. Le principe étant bien entendu de parvenir à proposer un bon prix au club italien.

George Weah est pisté, les journalistes le traquent pour obtenir des informations sur son avenir proche.

Alors, quand nous prenons la décision que George va partir au Milan AC, nous occultons une négociation qui intervient trop tôt, le joueur étant toujours sous contrat avec nous. Le principe, c'est d'entretenir l'ambiguïté sur son départ.

Le rendez-vous se passe dans une suite du Martinez, louée pour l'occasion et dotée d'un salon et de deux chambres. Nous avons tous emprunté, séparément, les portes de service, derrière le palace. Mon ami Jean-Michel Moutier, le directeur sportif du club, m'accompagne, ainsi que le directeur financier, Christian Hervé. Dans le living ouvert sur la mer, nous discutons du transfert et défendons nos positions.

*

Nous palabrons. Eux proposent 20. Nous, 60. Tout cela sur un ton amical, dans une ambiance plutôt détendue. Nous savons de part et d'autre que la négo devrait se terminer à 45. Mais, pour cela, il faut prendre le temps, faire mine de réfléchir, respecter le deal en y consacrant temps et attention.

Ne pas bâcler la conversation fait partie des règles.

Elle dure déjà depuis un petit moment quand les deux patrons du Milan AC et le financier qui est avec eux demandent à s'isoler à côté, dans l'une des chambres, pour penser l'offre, la revoir en détail, mais en privé. Nous restons dans le salon et évaluons entre nous la première partie des négociations. Mille fois, car, au bout de vingt minutes, le trio n'a toujours pas refait surface.

Un portable sonne dans la sacoche de Galliani, qu'il a laissée sur le canapé. Je la saisis et vais frapper quelques petits coups sur la porte de la chambre. Personne ne bouge. Je recommence. Toujours aucune réaction. Alors j'ouvre la porte, et là, je découvre les trois boss du Milan AC somnolant !

Ils se réveillent au bruit du téléphone. Galliani, le vice-président du club italien, prend sa sacoche, puis répond à son portable. À l'autre bout du fil, c'est Berlusconi. Il veut savoir où en sont les négociations.

S'il va se ruiner ou pas.

Weah ira à Milan ; dans sa tête, il y était déjà.

Les vrais amis d'un chef

2013, Doha.

Le jeune prince adore jouer au tennis.

Mais il lui faut un partenaire à sa mesure, aussi royal que son sang, aussi important sur terre battue que lui, Tamin bin Hamad al-Thani, l'est dans la hiérarchie du royaume qatari. Seul le meilleur joueur de tennis du petit pays très riche peut prétendre accéder à ce privilège.

Le jeune prince n'a pas de talent particulier pour le tennis. Mais Nassert Al-Khelaïfi n'a pas tout à fait le choix.

Un jour, alors qu'ils échangent des balles devant la cour réunie pour admirer ses prodiges avec une raquette, Tamin joue comme il peut. À l'issue de la partie, il est pourtant complimenté de toutes parts.

Seul Nasser demeure muet – d'ailleurs, personne ne daigne le féliciter pour son jeu. Étonné de son silence, l'adolescent s'approche de son adversaire pour avoir son avis, vient chercher un compliment. Sauf que le champion de tennis ne le lui accorde pas ; au contraire, il dit du mal de sa performance.

Tamin raconte l'anecdote à son père, l'émir, en rentrant au Palais. Il s'attend à une réaction d'indignation et de colère contre son offenseur, mais la réponse royale est sans appel : « C'est Nassert qui deviendra ton ami. »

Ainsi parlait la légende.

De bons débuts, ou presque

4 novembre 1984, studios de Canal Plus,
Boulogne-Billancourt.

Sur ce plateau tout neuf, je me suis bien entouré. Dans cette équipe, complètement inédite, il y a Jérôme Bonaldi pour les infos, mon camarade Jean-Pierre Coffe qui débute à la télé, et Christophe Dechavanne, dans le rôle de celui qui montre des gadgets qui ne fonctionnent pas.

C'est grâce à Roger Zabel que je l'ai recruté. Il m'en a fait l'éloge et, surtout, m'a donné un argument très convaincant compte tenu des débuts de Canal Plus. Il m'a dit : « Tu peux lui demander une chronique dans n'importe quel domaine, il en veut tellement qu'il la fera et bien. »

Une meilleure chance que celle qu'on lui avait donnée à France Inter, c'est tout ce qu'il demandait. Il s'était lassé, à juste titre, de faire l'horloge parlante à la radio ; il sentait que ses talents étaient légèrement sous-exploités. J'ai volontairement choisi des débutants ou semi-débutants, il faut des visages vierges, des personnalités encore non révélées.

Canal sera un révélateur sans équivalent.

Le conseil de Nicolas

2013, bureau de Nicolas Sarkozy,
rue de Miromesnil, Paris VIIIe.

« Prends tout, on ne t'en voudra pas plus que si tu en prends la moitié ! »

Ce conseil direct de Nicolas Sarkozy dit beaucoup de son tempérament et de son expérience. Ne pas avoir peur, accepter les responsabilités importantes, même quand elles paraissent démesurées, voilà comment il considère qu'il faut avancer dans la vie.

Moby Dick

Une fin d'après-midi,
rue du Cherche-Midi, Paris.

Quand on est avec lui, le fameux dialogue final des *Valseuses* revient forcément en tête :

– On n'est pas bien ?

– Si.

– Paisibles ? À la fraîche ? Décontractés du gland ? Et on bandera quand on aura envie de bander !

On est bien avec Gérard. On discute, c'est facile, on se connaît depuis longtemps. On peut rester de longs moments chez lui, dans sa deuxième maison, ou sa troisième.

Ce soir-là, chez lui, c'est « Moby Dick », une poissonnerie qui lui appartient dans la rue du Cherche-Midi où il se trouve souvent.

Sous le frontispice multicolore de type disco-égyptien de cette poissonnerie du VIe arrondissement de Paris, la mer déferle avec Gérard. Et il arrive que les clients très corrects du quartier, en train d'acheter leurs coquilles Saint-Jacques ou leur bar de ligne, essuient quelques éclaboussures sur leurs chaussures impeccables. Lionel Jospin, un voisin, y vient régulièrement et, chaque fois que je le croise, il me demande si j'habite le quartier !

*

Des poissons, des coquillages, des crustacés, des algues et des filets, « Moby Dick » est un drôle d'endroit pour une rencontre : un lieu hors du temps, un livre de Herman Melville, dont Gérard aurait investi en même temps les deux personnages principaux, le cétacé sacré et son chasseur mystique, le capitaine Achab. D'ailleurs, son monde est aussi vaste que celui du roman.

Quand il saute sur son scooter, on ne sait pas vers où il roulera. Comme Mammuth, le personnage qu'il incarne dans le film du même nom, il est en chemin plus qu'à destination. D'ailleurs, il ne prend pas toujours la peine d'enlever son casque, ça l'amuse d'avoir l'air d'un coursier ou d'un centaure à deux roues.

Le Jean-Claude des *Valseuses* et son acolyte Pierrot, soit Patrick Dewaere, sentaient fort le réel. Au point qu'à Châteauroux, quand les gens ont vu le film, ils n'ont pas voulu croire que Gérard était devenu acteur. « *Les*

Valseuses ? Ça ne veut pas dire qu'il est acteur, hein, parce que c'est exactement ce qu'il est ! » répétaient les Berrichons.

En fait, c'est dans la vie, pas dans la fiction, qu'il était le plus redoutable, conscient qu'on ne pourrait pas le couper au montage, qu'il n'y avait de fait que des plans-séquences.

La dernière phrase des *Valseuses*, résultat, comme le reste des dialogues, des improvisations des deux camarades de virées, devait être : « Et on balancera le yoghourt sur la touffe si on veut. »

Mais Blier a mis le holà, il a arrêté son film après « bander ». Ça suffisait.

Un samedi soir

1986, rue Olivier-de-Serres,
Paris XVe, Canal Plus.

La chaîne va bien. On a fêté le premier anniversaire à Bercy, où Catherine Ringer a pincé les testicules de Philippe Gildas en direct. Au siège de la chaîne, André Rousselet vient de faire aménager une salle de cinéma très chic.

Un samedi soir, il invite son ami François Mitterrand, président de la République, à venir voir un film en avant-première. En sortant un peu après minuit, alors qu'il le raccompagne dans le hall, un écran vraiment géant diffusait le film X du samedi soir.

Le livre des reproches

1995, Parc des Princes,
porte de Saint-Cloud.

Le clan des chiraquiens m'en veut. Ils ont vu qu'un livre d'entretiens avec Nicolas Sarkozy était sorti et ils apprécient moyennement que je sois impliqué dans cette publication.

Nous sommes en 1995, le ministre du Budget du gouvernement Balladur a choisi le Premier ministre contre le président dans la course à l'Élysée. Une trahison suprême pour les chiraquiens, qui ne sont pas près de lui pardonner.

Annie Lhéritier, chef de cabinet de Chirac, m'exprime clairement ses griefs. Entre la marionnette des Guignols, dont le président s'est plaint un jour aux toilettes, à la mi-temps d'un match au Parc des Princes, auprès de Pierre

Lescure, et le livre, ça commence à faire beaucoup contre Canal Plus.

En fait, je fais mon travail. Sarkozy m'intéresse depuis notre rencontre. À l'époque, il était député des Hauts-de-Seine et venait souvent au Parc voir jouer le PSG. Les jours de match important, dans la corbeille, les élus sont légion, autant qu'il y a de caméras. Toute la République est représentée, des collectivités locales aux territoriales.

Pour me remercier de l'accueillir fréquemment au Parc, comme d'autres, il m'invite à déjeuner. Et dès notre première conversation, il m'a annoncé : « Je serai président ! » Cette ambition remarquable a sans doute motivé ce livre qui pose problème.

Albert Dupontel ne comprend pas non plus que je me « commette » avec Nicolas Sarkozy. Il me demande : « Pourquoi tu fais un livre avec Sarkozy ? »

Il est en plein tournage de *Bernie*, mais il lui manque de l'argent pour boucler son film. Je propose de lui verser les droits d'auteur du bouquin pour le financement. Il accepte, mais, finalement, n'en a plus besoin.

Heureusement, parce que les droits générés par les ventes n'auraient pas payé grand-chose.

Un agent chercheur d'or

1978, boulevard Suchet, Paris.

Autour de la table pour déjeuner, le faux couple et celui qui l'a inventé, Johnny Stark. La mystification a pris avec les clichés à la sortie de chez Maxim's montrant Yves Mourousi très proche de Mireille Mathieu.

L'invention de cette idylle arrange tout le monde : elle fait taire les rumeurs sur Yves et donne à la chanteuse française à la frange un fiancé populaire, une vedette du petit écran. Le coup est parfaitement monté par l'impresario de génie Johnny Stark, avec lequel ma femme et moi discutons.

Nous essayons de comprendre pourquoi il n'incite pas sa star à changer un peu de registre, à utiliser sa voix pour interpréter autre chose que de la chanson française type Édith Piaf.

Mais, à notre question, Johnny rit : « Vous n’avez pas compris : dans la vie, quand on a un filon, on ne creuse pas à côté. »

L’assurance du président

2010, 20 h 15, bureau du président de la République, palais de l’Élysée, Paris.

Pas évident de lutter. Il est très fort, il a ça dans le sang, la télévision. Son assurance et son plaisir en font un animal cathodique puissant. Il est temps de comprendre, après quelques minutes de domination en direct, pourquoi il n’a pas même cherché à prendre connaissance de nos questions. L’époque Chirac et Mitterrand de contrôle des interviews est bien révolue.

Franck Louvrier, le responsable de com’ de Sarkozy, m’a précisé au cours d’une conversation téléphonique qu’il ne prenait pas la peine de demander les questions des médias avant les entretiens, « parce que, m’a-t-il dit en riant, tu vas me dire un truc, et vous ferez autrement ! ».

Le président n'a pas besoin de savoir avant, il n'est jamais aussi bon que dans l'adversité, quand il lui faut être réactif, aux aguets, affûté. En fauve politique, il adore cette arène qu'est pour lui un plateau, avec ses trois chasseurs journalistes. Il est d'autant plus capable de sortir ses griffes qu'il n'a pas été prévenu de l'agression.

La télé le transcende. Les chiffres d'audience pendant la campagne électorale le mettaient en transe. On aurait dit le président d'un club de foot qui attend des résultats de matchs. Sauf qu'il comptait les tribunes, lui, pour mesurer son indice de popularité.

Quand il passait sur le plateau du « Grand Journal » avant l'élection, il se vantait sans cesse d'avoir coiffé Ségolène Royal au poteau. Il disait : « Tu sais, moi, j'ai fait 8 000 hier à Bordeaux, Ségolène, elle, elle fait à peine 6 500 ! »

*

Sous ces lambris dorés qui lui sont plus familiers qu'à nous, il évalue parfaitement son pouvoir et sait pertinemment que l'exercice est plus intimidant et déstabilisant pour nous, malgré notre nombre et notre habitude de la télé. Lui, il joue à domicile.

Ce soir, je vis mon premier direct national, sur toutes les chaînes. Ce n'est pas rien. La chaîne privée pour laquelle je travaille, Canal Plus, a été sollicitée avec TF1 et France 2, une première, que je suis chargé de réussir !

En 48 heures, j'ai planché avec Laurent Bon qui aura été l'un des artisans majeurs de ce que fut le « Grand Journal » et de ce qu'est le « Petit Journal » et le « Supplément », c'est-à-dire le meilleur producteur de sa génération.

Lui, le président, est entré tout à l'heure dans la pièce avec un air détendu. À son bras, Carla Bruni, souriante, avec laquelle il plaisantait comme à la maison et qu'il embrasse avant le démarrage de l'interview.

À l'aise dans le privé et devant la caméra. Dès que les projecteurs se sont allumés et que nous avons commencé, il s'est concentré en une seconde, a repris son visage sérieux.

Maintenant, Nicolas Sarkozy évacue les questions que nous lui posons, Claire Chazal, David Pujadas et moi, avec des réponses nettes, voire cinglantes, qui n'autorisent pas forcément la relance. Inutile de s'accrocher, de revenir à la charge quand une question glisse, ou qu'elle n'est pas comprise comme il faut. La charge du président se fait alors plus violente.

Claire Chazal en fait les frais. Plus tard, il me pose une question perverse : « Est-ce que vous pensez que j'ai un QI en dessous de la moyenne, ou au-dessus ? » C'est clairement lui qui tient les rênes de notre interview.

Nous avons beau être trois et tenter quelques saillies, il nous renvoie dans nos buts. Plus Nicolas Sarkozy sent qu'il mène le jeu, plus il se bonifie. L'interview à trois favorise le président, quel qu'il soit.

Le face-à-face est beaucoup plus équilibré, mais les communicants de tous bords ont instauré cette règle depuis longtemps.

*

Sur le plateau du « Grand Journal », au contraire, il était tendu, irrité, mal à l'aise. Il n'avait pas encore ces certitudes, il n'était pas encore président, il n'aimait pas trop Canal – et c'est un euphémisme.

Il est ministre de l'Intérieur et, accessoirement, j'ai écrit en 1995 le premier livre avec lui dans un climat de confiance. C'est précisément pour cela qu'il m'en veut : il se sent trahi, il est du genre à considérer que ceux qui ne sont pas pour lui sont contre lui. Il est assez particulier dans ses relations avec les gens. Il est ministre de l'Intérieur et, cette fois, je ne lui donne pas plus l'occasion de s'exprimer qu'aux autres. Il me reproche d'avoir dit publiquement qu'il avait changé depuis. De cette remarque, il a fait un slogan et je l'ai évoqué dans une interview. Or, cette petite indiscrétion de ma part l'a mis en colère. Avant l'émission, il m'a téléphoné à 18 h 30, menaçant de ne pas venir, menaçant tout court. Renaud Le Van Kim en a été témoin à mes côtés, dans ma loge.

Maintenant, Nicolas Sarkozy fait la tête en direct, c'est très clair.

C'est sa première fois au « Grand Journal », et elle restera un mauvais souvenir.

Quand je lui pose une question, il s'obstine à répondre à Ariane, qui est à mes côtés ; il manifeste de la mauvaise volonté. Il ne me regarde jamais.

En arrivant, il ne m'a pas salué et quand il partira, tout à l'heure, il ne me saluera pas plus. Il pratique l'indifférence pour exprimer tout le mépris qu'il a pour moi à ce moment-là.

Dès la préparation de l'émission, le contact s'est raidi entre le ministère et l'équipe du « Grand Journal ». Le ton était presque comminatoire, et les commentaires sur le déroulé, autoritaires. Au caractère menaçant des coups de fil, on sentait clairement que le ministre de l'Intérieur faisait une offensive en terrain ennemi, alors que, pour nous, il s'agissait d'une invitation comme une autre.

Rien n'y a fait.

Quelque temps plus tard, je l'ai croisé et il m'a dit, très détendu, que l'émission était bien, qu'il reviendrait.

Il avait oublié ce que je n'avais pas oublié.

Les frères Acariès et l'horloge

25 janvier 1999, Palais des sports, Paris.

Dans le monde suant et noble de la boxe, il y a des figures inestimables. Des champions, mais aussi des producteurs de matchs avec lesquels il faut parlementer pour acheter les droits de diffusion. Ils ne sont pas très nombreux de part et d'autre de l'Atlantique : le business de la boxe s'est organisé en monopoles.

En France, ce sont les frères Acariès qui tiennent les rênes ; aux États-Unis, c'est Don King. Et les premiers appliquent un protectionnisme radical sous les coups de bélier de l'inimitable producteur américain.

Michel, l'un des deux frères Acariès, n'hésite pas à nous mettre en garde, geste à l'appui : « Ne signez pas avec eux ! Si vous faites ça, ils vont nous égorger comme des brebis, avec un clou… rouillé ! »

Les négociations d'achat de droits duraient des heures parce qu'ils respectaient encore les vieilles coutumes qui intègrent le temps du dialogue comme l'une de leurs données. Ils marchaient à l'ancienne.

Louis Acariès venait d'une époque révolue qu'il racontait volontiers : « Quand je montais sur le ring, j'avais des amis des quatre côtés : la presse, la police, les voyous et la famille. Des amis partout, en somme ! »

Un jour, j'assiste avec Michel au combat de rentrée d'un boxeur français, sacré champion du monde, contre un Roumain donné perdant – l'adversaire était censé être faible, la rencontre ne devait pas durer huit rounds. Sauf que, au quatrième round, le boxeur roumain ne s'est toujours pas couché et le Français, insuffisamment préparé pour tenir longtemps, commence, lui, à perdre son souffle.

Michel, l'organisateur du combat, s'agite. Il met alors un violent coup de pied dans la chaise du chronométreur placé au premier rang. Les dents serrées, il lui ordonne d'arrêter le chrono.

Il reste encore une minute sur les trois du round et, en effet, le prétendu vainqueur n'a pas la force de la tenir sans s'écrouler.

Au bout de trois « Arrête le chrono ! », le type se retourne et lui dit, en gueulant : « Je ne peux pas, vous voyez bien qu'il y a le chrono à la télé ! »

Ça s'est bien terminé, « à la régulière ».

Un président normal

2010, plateau du « Grand Journal »,
rue Cauchy, Paris XVe.

Mes bureaux du « Grand Journal » se situent rue Cauchy, dans la rue où Valérie Trierweiler possède un appartement. François Hollande, que je connais depuis longtemps, habite chez elle et se comporte dans le quartier comme un citoyen ordinaire. Il va faire ses courses chez Shopi, sans casque !

Notre sujet de conversation est souvent le même : Châteauroux, une ville qu'il connaît et où il compte l'un de ses plus proches amis, Michel Sapin, ex-député de la circonscription.

En prenant souvent le train pour Tulle, dont il est député et où il préside le conseil régional, il passe par la ville de mon enfance, dont il connaît bien les élus. Il partage en effet avec Jacques Chirac cette facilité à la proximité, un comportement chaleureux avec les gens.

Sans faire d'effort apparent, il se montre humain, attentif, voire attentionné. Il glisse le mot qu'il faut à chacun, fait de petites blagues bon enfant, se présente comme un homme simple et sympathique dont on ne peut rien craindre, mais tout attendre…

*

Sa « normalité », agréable pour les choses de la vie, nous horripile pour le boulot. Chaque fois que nous l'invitons au « Grand Journal », il s'entête à venir à pied puisqu'il n'habite pas loin et aime nous taquiner. Nous maîtrisons l'heure d'arrivée de nos invités dans les studios en leur envoyant des taxis. Mais François Hollande a décidé qu'avec lui nous n'aurions pas la main sur la montre.

Pour nous faire peur, il tarde à apparaître sur les écrans de sécurité de l'entrée du studio. Il prend un malin plaisir à se pointer au moment du générique.

Ce n'est plus le cas aujourd'hui parce que ce n'est plus possible. Il n'habite plus dans le XVe et ne peut plus sortir tout seul à pied, sauf casqué…

Maintenant, il est président.

La naissance d'une étoile

4 novembre 1984, studios de Canal Plus, Boulogne-Billancourt.

Dans ce moment crucial où André Rousselet va actionner la manette, à la fin du décompte, il fallait qu'il y ait un ange gardien spécial, un cosmonaute expérimenté, une bienveillance proportionnelle aux risques pris.

Et cette nécessité s'appelle Gérard, il est ma superstition. Il répond toujours présent, il s'engage par amitié, par énergie, par désir. Les nouveaux projets, les idées originales, la création, l'invention trouvent toujours son écoute, son intérêt et son soutien.

Aujourd'hui, il est là, de toute sa stature, et il n'est pas de trop. Le berceau de la chaîne se fait secouer. Les médias tirent à vue. Officiellement, au motif que la gratuité est intrinsèque à la télévision, comme à l'autoroute.

En réalité, la vraie bataille se livre sur le terrain politique. *Le Figaro* et *France-Soir*, les deux journaux les plus virulents à l'égard de cette nouvelle chaîne payante, appartiennent au groupe Hersant, dont la ligne politique chasse amplement à droite.

André Rousselet, l'homme de gauche, issu du cabinet de François Mitterrand, lequel a favorisé la naissance de Canal, est l'ennemi à abattre.

Le lendemain du lancement, *France-Soir* titrera : « Canal Plus, c'est déjà l'échec ! » Je m'en souviens parce que j'ai découpé l'article et l'ai accroché dans mon bureau.

Il y est resté toutes ces années pendant lesquelles le nombre d'abonnés n'a cessé d'augmenter. Les six premiers mois, le journaliste qui avait signé le papier assassin, Guy Baret, devait bien ricaner, car les abonnés stagnaient sous la barre des deux cent mille.

Pour l'instant, dans ces premières secondes d'antenne, tout ce que je peux faire à mon échelle, c'est bien mener l'émission, mettre le meilleur de ce que j'ai appris précédemment sur TF1 avec Yves Mourousi – surtout au JT – et au service des sports. Il faut de la fluidité, du rythme, du contenu, de la légèreté ; j'ai conscience des ingrédients et des contraintes du matin : il faut aider les gens à se réveiller, à attaquer leur journée de bonne humeur, en les informant et en les divertissant.

Une tonalité mi-grave mi-drôle qui sera finalement l'inflexion donnée globalement à la voix Canal Plus.

Nous passons l'épreuve, Gérard est là. D'autres personnalités vont défiler tout le dimanche pour nous encourager et bénir publiquement la chaîne. Le milieu artistique, dans son ensemble, nous soutient.

En mentionnant la présence de Gérard Depardieu et de Catherine Deneuve pour le lancement de la chaîne, Pierre Lescure avait persuadé tout le monde culturel. Et l'effet d'entraînement avait agi. En ce dimanche 4 novembre 1984, le centre de lancement de Canal Plus était *the place to be* pour les stars.

Desproges et les pourris de la télé

1973, rue Montmartre, Paris.

Je l'aperçois accoudé au bar du café de la rue Montmartre. Pierre Desproges travaille à *L'Aurore*, à côté. Il me connaît de vue, certainement par la télé, et, ne me laissant pas même le temps de déboutonner ma veste, il me prend à partie et me balance d'un ton acerbe : « Vous, les journalistes télé, vous êtes tous des pourris, des planqués, des pistonnés et des vendus ! »

Calme, j'engage la discussion pour comprendre sa fureur. Après quelques minutes de conversation autour d'un verre de vin, la discorde s'était dissipée, et nous étions réconciliés.

Plus tard, nous fûmes partenaires de l'actrice Valérie Mairesse dans un feuilleton quotidien intitulé *Le Pavillon des catarrheux* sur RMC. Nous y traitions l'actualité sous une forme particulière, tragi-comique. Je jouais le rôle d'un docteur, Valérie d'une infirmière « nue sous sa blouse », et Pierre, qui se savait déjà atteint d'un cancer, mais gardait son secret pour lui seul, d'un malade.

Un président sous plastique

15 décembre 2009,
avant le sommet de Copenhague,
palais de l'Élysée, Paris.

Nicolas Sarkozy fait son cinéma parce qu'il aime le cinéma. Il se réfère sans cesse à sa passion, loue certains films pendant des heures, insiste sur ce goût développé qu'il cultive pour le septième art.

Un soir, au même endroit que celui où il m'a reçu pendant son quinquennat, après une interview fouillée en tête-à-tête à la veille du sommet de Copenhague, il reçoit dans l'appartement présidentiel Renaud Le Van Kim, coproducteur du « Grand Journal », Bertrand Meheut, patron du groupe Canal Plus, Rodolphe Belmer, directeur de la chaîne, et moi.

Visiblement, il est très fier de son écran géant et essaie de le faire fonctionner pour nous le montrer en marche. Finalement, un bouton devient vert, il se tourne vers moi et s'exclame : « Tu vois, ça s'allume là ! »

En nous guidant à travers le salon, il raconte qu'il apprécie par-dessus tout les dimanches après-midi avec Carla, quand ils se font livrer de la nourriture italienne et regardent toute l'œuvre de grands cinéastes. Pour joindre l'image à la parole, il va nous chercher des piles de DVD.

Nous sommes tous les quatre au bord de l'admiration devant une collection de cinéphile aussi étoffée, quand nous remarquons que les DVD n'ont pas été ouverts. Ils sont encore tous sous plastique. Il me les tend et me dit : « Tu vois, tous ces films-là, je les ai vus ! »

Apprentissage rural

1969, Limoges.

Il fait nuit noire, mais c'est l'heure de se lever. Quatre heures du matin, le silence épais d'une ville de province, Limoges. Même les boulangers ne sont pas encore debout, ni les fermiers, ni même le coq. Pas évident d'ouvrir les yeux quand rien ne les sollicite.

Mais je n'ai pas le choix. Pour être à 6 h 30 au studio de la station de radio, la voix à peu près sortie du sommeil, il faut se réveiller à 4 heures. Le premier journal agricole de la journée, c'est moi qui en suis chargé ! Un premier job un peu « rural » quand on rêve déjà de Paris.

Mais tout est bon à prendre. Et à rire. L'idée de parler à une poignée d'agriculteurs disséminés dans la campagne du Limousin est cocasse. Il faut couvrir plusieurs rubriques comme la météo, le cours des céréales, les dernières décisions du ministère de l'Agriculture.

L'actualité agricole attire moins les journalistes que le sport, le poste était plus facile à obtenir en tant que débutant. Et puis toute spécialité, pour peu qu'on se fasse croire qu'on s'y intéresse, peut devenir attrayante. Et éventuellement rentable, en tout cas assez pour me nourrir. J'exploite ma « science » dans plusieurs supports.

Quand je couvre un événement, j'en parle dans le plus de médias possible : un créneau, ça se garde. Je deviens donc correspondant de *La France agricole*, me trouve des piges dans d'autres médias et finis par être expert des cours du marché de Lyon-La Mouche ou des indemnités viagères de départ des agriculteurs.

Naturellement, je croise souvent le secrétaire d'État à l'Agriculture, Jacques Chirac. Or, s'il m'amuse hors micro en se montrant blagueur et jovial, il se ferme comme une huître dès qu'on lui présente un micro. Il contrôle ses propos, manifeste sa méfiance, se révèle un bien mauvais client pour le jeune journaliste que je suis.

À l'époque, il fait ses armes, n'en est qu'aux prémices de sa conquête du pouvoir. Il peine à s'imposer en leader local du parti gaulliste, contré dans ses projets par la vieille huile en place, Jean Charbonnel.

Mais la campagne lui sourira.

Carla, Angela et Nicolas

Début septembre 2008,
maison de Carla Bruni, Paris.

Nous déjeunons d'excellentes pizzas que Carla a pris soin de commander au restaurant « Le Stresa ». Mais nous nous hâtons, ne traînons pas à table. Le travail nous attend : la préparation d'une émission programmée avec Carla Bruni-Sarkozy, un « Grand Journal » dont elle sera la présentatrice et la rédactrice en chef.

Mais là, elle se trouve chez elle, dans sa maison du XVIe, alors le statut et le protocole ne comptent pas.

Son mari, le président, n'est pas là, occupé par sa fonction. Mais il n'oublie pas son épouse et l'appelle alors que nous avons à peine commencé à réfléchir ensemble au cadre de l'émission.

Confuse de n'avoir pas coupé son téléphone portable, elle s'excuse et, avant de décrocher, se justifie :

– Tu sais, mon mec doit pouvoir me joindre à tout moment…

Elle lui dit être avec moi en plein brainstorming. Nicolas réagit :

– Ah, il vient quand je n'y suis pas, passe-le-moi !

Elle s'exécute, je le salue et :

– Mais où es-tu, Nicolas ?

– Avec Angela Merkel. Tu veux lui parler ?

– Mais qu'est-ce que tu veux que je lui dise ?

Libérez Pantelić !

15 novembre 1997,
stade Jacques-Chaban-Delmas, Bordeaux : 0-0.

Le très vert joueur serbe Marko Pantelić, un remplaçant qui appartenait aux éléments non confirmés de l'équipe du PSG, enviait ce à quoi avaient droit, compte tenu de leur ancienneté, les joueurs plus confirmés.

Notre contrat de sponsoring avec Opel nous avait permis de gratifier tous les joueurs d'un véhicule. Les plus jeunes avaient reçu une petite voiture tandis que les seniors avaient eu droit à un 4×4.

Cette différence de traitement en fonction de la bouteille paraissait totalement injuste à Pantelić, qui avait eu une réaction de petit garçon en faisant tout un drame sur le thème : « C'est dégueulasse que moi, je n'aie pas aussi un 4×4, je le mérite pareil. Je veux un 4×4. » Comme, évidemment, nous n'avons pas cédé, il boudait et refusait d'utiliser son cadeau, qui était resté garé sur le parking où nous avions fait la livraison des bonus.

En fait, il se croyait déjà arrivé, il voulait la gloire avant d'avoir fourni l'effort. Il appelait les fleurs et n'hésitait pas à se coller aux grands hommes du football pour en aspirer un peu le triomphe.

Quand Raï, au moment de quitter le club après y avoir passé cinq ans, a fait un tour d'honneur sous les bravos et les hourras, le seul membre de l'équipe à avoir marché à côté de lui, c'est Pantelić.

Avec sa personnalité de star, il avait réussi à enflammer quelques supporters qui, sans avoir jamais été les témoins directs ou indirects, devant la télé, d'un fait d'armes du flamboyant Serbe, en disaient le plus grand bien et répandaient la légende dans les stades et les bars.

Un quiproquo, en somme, Pantelić.

Qui a eu l'avantage de déclencher une scène burlesque un soir de match à Bordeaux. Le score stagne à 0-0, il ne se passe pas grand-chose sur le terrain quand les cinq cents supporters du PSG qui se sont déplacés pour la rencontre se mettent à gueuler : « Libérez Pantelić ! Libérez Pantelić ! Libérez Pantelić ! »

Le maire, Alain Juppé, qui assiste au match à côté de moi, ne comprend rien. Il ne connaît pas ce joueur et interprète de travers l'injonction des fans du PSG. Il suppose qu'un joueur connaît des difficultés judiciaires, peut-être même dans sa bonne ville de Bordeaux, et commence à s'inquiéter.

À son expression inquiète, on discerne qu'il craint le complot politique, mais pas de me montrer son ignorance. Je lui donne les clés de cette intervention intempestive en évoquant l'immense pouvoir de persuasion dont est pourvu Pantelić.

*

Durant les sept années que j'ai passées au PSG, en dépensant plus d'argent, j'aurais peut-être eu de meilleures équipes, mais, rétrospectivement, j'ai eu la chance d'engager des joueurs qui étaient avant tout de bonnes personnes. Une vingtaine d'entre eux me sont restés fidèles pendant l'intégralité du septennat ! Longtemps après mon départ, Ricardo, ex-capitaine de l'équipe du Brésil, Raï ou Le Guen me donnent toujours signe de vie, d'autres aussi. Leur reconnaissance, leur amitié et leur fidélité, ce n'est pas rien.

La progéria

25 septembre 1994,
studio Canal Plus, Paris XVe.

Il tremble. C'est un fou rire qui fait ça. Depuis quelques secondes déjà, alors que les images du documentaire sur la progéria, une maladie rare qui provoque un vieillissement accéléré, ont commencé de défiler sur les écrans du plateau, Christophe Dechavanne pleure de rire.

Avant le démarrage du sujet, j'ai soigneusement évité de croiser son regard, conscient de son envie de me faire craquer.

Se retenir, par respect pour l'invitée, la réalisatrice du documentaire, pour les gens dans le public et les futurs téléspectateurs, dont certains peut-être ont un proche ou une connaissance touché par cette horrible maladie.

Mais le respect ne peut rien contre les secousses de Christophe. Je suis entraîné. Et, après une minute incontrôlable, l'équipe technique aussi cède à la nervosité et s'écroule de rire. Nous sommes en train d'enregistrer une émission pour Canal Plus, « Télé Dimanche », et nous savons déjà que cette séquence sautera au montage.

La chronique du désastre annoncé s'est écrite dans les loges une heure plus tôt, au maquillage. En plein briefing, Christophe me demande ce qu'est la progéria. Tandis que je le lui explique, il glousse déjà. Je précise qu'il faudra ne pas rire d'un sujet aussi sérieux quand nous l'aborderons. Mal m'en a pris.

Plus tard, Christophe Dechavanne, qui est un bon copain, a toujours voulu récupérer cette séquence pour les bétisiers de la télé. J'ai toujours refusé.

Sarkozy attend sur la cheminée

Octobre 2013, bureau de Nicolas Sarkozy, ex-président, Paris.

Il a quitté l'Élysée, à regret. Son éviction, selon lui, n'est qu'un abandon provisoire, un désaveu plutôt qu'un désamour. Le temps dont il dispose maintenant pour nos conversations, il le consacre aussi à réfléchir à son retour. Alors que je suis venu avec Hervé Gattegno tenter de le convaincre d'accepter un reportage pour *Vanity Fair*, il nous livre le fruit de ses pensées.

Pour nous mettre bien à l'aise, il m'explique qu'il a dîné avec Jonathan Newhouse, le propriétaire de *Vanity Fair*, la veille au soir. Il connaît tous nos chiffres de vente par cœur – supérieurs aux objectifs fixés – et me lance : « Ça marche tellement bien que tu pourrais même mettre Fillon en couverture ! »

Il en est convaincu : les journalistes politiques sont assez présomptueux pour croire faire et défaire le pouvoir.

Il prendra un malin plaisir à ruiner les prophéties de ces oracles de mauvaise foi ; ils verront bien. Car, évidemment, il ne compte pas rester sur le banc de touche.

Ou plutôt, à l'en croire, sur la cheminée. Le plus sérieusement, il m'explique : « Vous savez, ce ne sont pas les commentateurs politiques qui vont décider ni les responsables de parti ; ce n'est pas Aphatie, ce n'est pas Duhamel, ce n'est ni Fillon, ni Copé, ce sont les Français. Et les Français, tu sais où ils m'ont mis, les Français ? Ils m'ont mis sur le coin de la cheminée. Je suis sur la cheminée, j'ai la main tendue et, à un moment, ils vont me dire : viens, Nicolas ! »

La France à Shanghai

Février 1987, hôtel Sofitel, Shanghai.

Un hôtel occidental banal, une choucroute et du vin, nous sommes à Shanghai. Ça n'a pas été évident de trouver un restaurant qui serve autre chose que de la cuisine chinoise. Très bonne, la cuisine chinoise, mais, après quelques jours, nous rêvons d'un bon plat de chez nous.

Sous prétexte d'un dîner à deux avec Martine, nous nous sommes esquivés de l'hôtel où nous résidons avec Michel Berger, France Gall et Jean-Jacques Goldman. Le motif de ce voyage : le tournage d'un « Zénith ».

Dans les années 80, la ville est hallucinante, encore dans son jus. Il n'y a pas d'autres véhicules que les vélos, les voitures sont peu nombreuses. Mais il y a beaucoup de vélos, alors nous préférons marcher.

Jean-Jacques interprète *Je marche seul* à tue-tête au milieu de la foule.

Michel Berger, qui, lui, n'hésite pas à se dresser sur une pirogue très instable pour claironner *Il jouait du piano debout*, paraît incongru ici.

Bref, on profite bien de notre voyage. Sans compter que le seul petit défaut du séjour, les menus répétitifs, nous sommes en train de l'effacer devant nos assiettes de choucroute. Nous avons recouvré l'appétit dans ce refuge alimentaire occidental.

En rentrant à l'hôtel, nous ne cachons pas aux autres notre plaisir. Offusquée que nous ayons voulu échapper à la nourriture locale, France Gall nous traite de « touristes » et nous accuse de ne pouvoir nous passer de la France. Son jugement nous fait sourire et ne nous empêche pas de dormir après ce repas, très ordinaire en fait, mais si bienvenu.

Deux jours plus tard, France Gall me prenait à part pour me demander discrètement : « Dis, Michel, c'était où, ton restau, là où tu as mangé une choucroute ? »

Gainsbourg alone in Babylone

1996, matinale, Canal Plus.

Les accidents de plateau, comme ces fous rires terribles qui, à la fois, nous ravissent et nous mettent dans l'embarras, j'en ai vécu des plus difficiles. Avec Serge Gainsbourg notamment, spécialiste du happening tragicomique.

Sur le plateau d'une matinale de Canal Plus où je l'ai invité, il se pointe à 7 heures du matin, passablement enivré au pastis. Ce jour-là intervient aussi une culturiste qui, bien entendu, nous fait une démonstration de sa force en soulevant des haltères. Pour plaisanter, Serge se lève et tente de l'imiter. Il soulève les poids avec entrain, mais s'arrête à mi-hauteur. Il est bloqué, il pâlit, et commence à transpirer à grosses gouttes.

Il a fallu intervenir, sauver Gainsbourg de l'attaque en direct.

Autre histoire, je l'avais convié cette fois avec Catherine Ringer dans « Zénith », une émission que j'ai animée sur Canal Plus entre 1985 et 1988.

Il se met à traiter la chanteuse des Rita Mitsouko de « pute », sous prétexte qu'on évoque sur le plateau son bref passé d'actrice porno. Mais Catherine Ringer, impassible, lui explique calmement le métier. Et quand il insiste, en disant qu'il la trouve « dégueulasse », elle lui répond que c'est lui, le vrai dégueulasse.

Gainsbourg clôt ce dialogue surréaliste en la menaçant de « prendre deux baffes dans la gueule » et en l'insultant : « Vous êtes une salope et vous êtes une putain. »

Astérix

2011, Ouarzazate, Maroc.

Gérard Depardieu tourne à Ouarzazate le blockbuster français *Astérix*. Je l'appelle pour autre chose, mais il me parle de Jamel dont il sait que je suis proche.

Il commence par : « Ton pote Jamel, il n'arrête pas de tourner autour de ma caravane, je sens bien qu'il veut être mon copain… » Je souris.

Il continue sur le ton de la plaisanterie : « Dis, avec le pognon qu'il gagne, il aurait quand même pu s'acheter un bras ! »

Les gaufres de Martine

Novembre 2005, plateau du « Grand Journal », Boulogne-Billancourt.

L'adversaire de François Hollande dans la conquête de la présidence du Parti socialiste, Martine Aubry, nous a davantage battu froid.

Et, je l'admets, à juste titre.

Il nous arrive aussi d'avoir de mauvaises idées. Comme d'inviter en même temps sur un plateau ce fou furieux, qui m'amuse beaucoup par ailleurs, de Michaël Youn avec la très sérieuse, quand elle est dans son rôle, Martine Aubry.

Déguisé en Scarlett O'Hara, il a passé l'émission à sortir des vannes à sa façon, entre deux sujets sérieux traités par la maire de Lille. À sa tête, je voyais qu'elle était mal à l'aise et en colère.

En sortant, elle l'a verbalisé et m'a clairement prévenu qu'elle ne participerait plus au « Grand Journal ». Je l'ai compris et accepté : on s'était plantés, on se retrouvait à côté de la plaque à trop se vouloir décalés.

Plus tard, elle nous a pardonné et nous avons eu le plaisir de la revoir. Elle et son traditionnel cadeau, la gourmandise préférée du général de Gaulle, les gaufres de chez Meert, l'illustre pâtissier de Lille.

Miss Canal

2002, 20 h 10, plateau du « Grand Journal ».

Louise fait son sketch. Comme tous les soirs, avec finesse, charme et humour.

Elle incarne un idéal de Miss Météo. Mais ça ne s'est pas fait en un jour ; elle n'a pas accédé au rang de reine de la météo comme ça, en claquant des doigts. Je l'ai vue bosser avec acharnement, je l'ai entendue arriver la première pour écrire son texte et répéter, répéter jusqu'à le maîtriser parfaitement.

L'exercice est particulièrement compliqué et périlleux. C'est sa longueur qui le rend si ardu. Une minute, ça semble aisé, mais c'est une durée piège. Trop court pour dire beaucoup, trop long pour ne rien dire du tout. Écrire le texte de cette minute s'avère un casse-tête à nourrir, à structurer, à formuler, à amorcer, à chuter.

Y parvenir est une victoire et le gage d'un avenir mirifique.

C'est l'équivalent – l'humour en plus – de ces brèves que ce rédacteur en chef à TF1, Henri Marque, me faisait réécrire jusqu'à ce qu'elles soient parfaites. En vain ! Il était un grand adorateur de la brève et passait son temps à m'en expliquer l'intérêt et les contraintes. Il m'indiquait comment améliorer mes brèves… à l'infini.

Sur le moment, je l'ai mal jugé. Limite sadique. Il m'énervait à me retoquer à chaque fois, à me renvoyer « x » fois à mon pupitre, à me demander de transformer deux feuillets sur l'Afghanistan en deux lignes. Mais, après coup, je le remercie de ne pas m'avoir lâché, de m'avoir forcé à la rigueur, au labeur.

Louise Bourgoin, elle, n'a pas besoin qu'on la pousse. Elle s'est prise en mains, seule, comme une grande. Elle a sophistiqué son show, a donné du charme à la futilité. Elle a réinventé le job en l'endossant à la perfection. Les invités fondent unanimement. Comme tous ceux qui croisent son chemin.

À croire que la Miss Météo stimule le fantasme chez les téléspectateurs de tout âge et le désir, pour certaines d'entre elles, de réalisateurs ou de producteurs. C'est le cas de Charlotte Lebon ou de Louise Bourgoin, évidemment, de Pauline Lefèvre et bientôt de Doria Tillier.

La pastille météo décalée, fausse mais distrayante, est une vieille marque de fabrique de Canal Plus. Beaucoup de gens ont fait leurs armes à la météo. Il y a eu Christophe Dechavanne, Alain Chabat. Puis Dominique Farrugia pour se marrer en faisant tomber ses soleils dans l'émission des « Nuls ».

Au « Grand Journal », on ne voulait pas d'une pure bouffonnerie. On voulait qu'il y ait un peu de fond, que ça dise quelque chose d'original de l'invité. On a un peu défini notre souhait et Christelle Graillot s'est mise en quête dans tous les domaines de bonnes candidates pour assurer une nouvelle météo sur Canal Plus. Elle les a castées et, on l'a vu, bien castées.

Elles ont toutes appris, comme je l'avais demandé avant elles à Delarue, Dechavanne, Fogiel, à tenir une minute. Elles y ont toutes passé des heures et des heures, s'entraînant chaque jour pour y arriver.

Des heures pour une minute.

La brièveté est la sœur du talent (Tchekhov)… des autres (Denisot).

« T'as vu ça ? »

1989, studio d'enregistrement de « Demain ».

Le travail fait tout.

Je ne crois pas en l'improvisation, que j'associe à de l'amateurisme, une espèce de fausse spontanéité. À l'inverse, pour donner l'idée du naturel, de l'improvisation, il faut beaucoup travailler, préparer, prévoir toutes les alternatives, se border. Apprendre son texte par cœur.

Plus j'ai travaillé pour préparer mes émissions, plus on m'a fait des clins d'œil complices qui voulaient dire : « Tu t'en es bien tiré pour ce que tu sembles avoir bossé ! »

Même les surprises, je les anticipe. J'avoue détester être pris de court. Je suis toujours concentré sur ce qui va se produire. C'est comme ça qu'on invente, qu'on sent et qu'on prévoit. On respire des courants d'air qui tracent vers demain.

C'est comme ça que j'ai trouvé le concept du zapping, en projection, en plusieurs temps. La première étape, c'était le « t'as vu ça ? » du lundi matin dans l'émission « Demain » que j'animais dans les débuts de Canal Plus, première mouture de ce qui s'appellera « La Grande Famille ».

Le best of du week-end était réduit à une simple conversation :

– T'as vu ça ?

– Non, j'ai pas vu ça.

Ensuite, j'ai pris conscience qu'on rediffusait souvent à la radio des extraits sonores, mais jamais les images à la télé. J'ai continué de mûrir le concept avec Béatrice Kauffmann, une journaliste exigeante et sérieuse, qui depuis nous a quittés. Ensemble, nous avons mis au point « La minute la plus regardée à la télé », qui était diffusée en général à 20 h 32, pile-poil entre la fin de la pub et la météo. Autant dire que la minute en question était sans grand intérêt.

Enfin, un peu plus tard, en septembre 1989, j'ai pensé qu'on pouvait faire un montage des séquences incroyables qu'on recensait.

Les premiers temps, seul Godwin Jaja a la charge de nous trouver de bons moments de télé. C'est un jeune assistant réalisateur qui, lorsqu'il n'est pas occupé à tourner, glande un peu dans les couloirs ; il est donc envoyé visionner les programmes des quatre chaînes existantes pour en extraire le meilleur. C'est-à-dire des dérapages et des temps forts de télé.

Après, le boulot a été fait par d'autres et le cadre initial du « Zapping » s'est élargi. Les risques du succès ! Je n'ai pas déposé le concept, qui est la plus belle arnaque de la télé : un programme *successful* qui ne coûte rien au nom du droit à l'info !

Peut-être par orgueil, peut-être par opportunisme, ou par hasard, je n'ai jamais succédé à personne, mais inventé ou co-inventé les émissions dont je voulais être l'animateur, imaginé ma manière de travailler, en innovant le plus possible.

J'aime créer, j'en tire de grandes satisfactions, et, à Canal Plus, Pierre Lescure et Alain de Greef m'ont permis beaucoup, ainsi que Rodolphe Belmer, plus tard, avec le « Grand Journal ».

Après l'émission du matin, le « 7/9 », j'ai tenté celle du soir, « Zénith », et « Mon Zénith à moi »... Les idées étaient souvent assez basiques, et il était, à l'époque, facile de les concrétiser parce que nous étions dirigés par des gens de télé, de programmes, de contenus, par des journalistes. Le marketing ne dominait pas les grilles de programme et les annonceurs n'étaient pas encore devenus les décideurs. Et puis, la surface d'expérimentation était vierge : les trois chaînes concurrentes avaient vieilli et n'offraient rien de nouveau aux téléspectateurs un peu las d'un conformisme télévisuel généralisé.

À côté de nous, les autres chaînes ont l'air de grands-mères. Elles sont structurées comme telle et souffrent d'arthrose. Plus rien ne bouge chez elles, les portes sont verrouillées, et les salariés chuchotent. Au contraire, dans les locaux de Canal Plus, l'effervescence règne et nous sommes amplement encouragés à entrer dans les bureaux de nos chefs, dont les portes, d'ailleurs, ne sont jamais closes. Ils ne se comportent pas même comme des chefs, mais en associés. Ils écoutent les idées, les affinent, les poussent, les discutent, mais les prennent toujours en considération.

À Canal, au bout du compte, nous sommes un peu plus que de simples salariés soumis aux ordres, à une hiérarchie, car nous prenons une part active à l'invention perpétuelle de l'entreprise. L'organisation du travail s'est faite à l'horizontale.

Pierre Lescure respecte et gratifie la créativité, tout comme Alain de Greef, le directeur des programmes. Il suffit qu'une idée l'accroche pour qu'il mette en route la machine et programme l'émission dans un délai record.

Une descente glacée

1985, hiver, Avoriaz.

On est bien joyeux. Le génépi, sans crapaud dans la bouteille, l'altitude, le plaisir de la raclette dans le chalet, les ingrédients d'une belle ivresse de montagne sont rassemblés. Nous sommes à Avoriaz, au festival du film, avec la bande des *Bronzés* et Jane Birkin. Mais, pour l'instant, nous ne sommes pas dans la station, mais au-dessus de celle-ci, en haut d'une piste. Et nous sommes censés rentrer à l'hôtel – il est l'heure, d'après les organisateurs.

Nous n'avons pas de skis ni de luge, mais des sacs-poubelle pour glisser jusqu'à Avoriaz. Michel Blanc, Jane Birkin et moi, nous commençons notre descente sur les fesses, hilares. Quelques reliefs et branches d'arbres nous accrochent au passage, et, notre trajectoire étant aussi peu droite que si nous étions à pied, nous sommes sans cesse à deux doigts de nous percuter.

Enfin, nous apercevons les lumières de l'hôtel des Dromonts en contrebas.

Nous sommes intacts, c'est un miracle, mais complètement gelés.

La luge du pauvre a l'inconvénient du contact direct avec la neige. L'alcool n'a pas suffi à maintenir notre température.

Jane, une fois debout, me lance : « Touche mon cul, il est de chez Berthillon ! »

Estelle pour Adriana

Mai 2010, hôtel Martinez, Cannes.

Dans le hall de l'hôtel Martinez à Cannes, en pleine période de festival pendant laquelle nous déplaçons le plateau du « Grand Journal », je croise Adriana Karembeu, grande blonde magnifique, mannequin et ex-épouse d'un des joueurs de la grande équipe de la Coupe du monde de 1998, Christian Karembeu. Ça tombe bien, car je voudrais la remercier d'être venue la veille sur notre plateau cannois. Je la salue et multiplie les compliments chaleureux sur sa présence, sur le plaisir que j'ai eu à la recevoir. J'insiste sur le fait que « l'émission était formidable ».

Je suis sincère : c'était une très bonne émission, son arrivée en bateau était très jolie et spectaculaire.

Logiquement, elle devrait sourire, ravie de mes flatteries. Il n'en est rien. Alors je continue.

J'ai noté, avec l'expérience, ce qu'un discours flatteur provoquait sur les visages normalement. Ils se détendent. Et quand ils sont déjà trahis par le temps, ils l'oublient l'instant d'un compliment. Les louanges constituent le meilleur des liftings possible : la peau s'assouplit, retrouve son éclat, les rides s'estompent, le sourire se fait grand, la beauté est restituée.

Mais là, sur la jeune Adriana Karembeu, je ne distingue aucune modification encourageante.

Elle me regarde bizarrement. Comme si j'étais ivre ou délirant.

Alors j'arrête de l'encenser, conscient qu'il y a un problème. Quelques secondes passent, un ange avec, et, enfin, elle consent à me donner la clé de l'énigme : « Michel, je suis désolée, mais je n'étais pas du tout sur le plateau du “Grand Journal” avec vous hier soir… Ce n'était pas moi, j'en suis certaine ! Moi, c'est Adriana Karembeu ! »

Ce grand moment de solitude, le regard d'Adriana qui doit se dire, que, moi-même, je ne suis plus Michel.

Je viens de comprendre.

En effet, ce n'était pas elle que j'ai interviewée sur le plateau du « Grand Journal », mais une autre grande blonde, belle aussi, mannequin aussi, femme de star, Estelle Lefébure. Confusion gênante, mais, à ma décharge, compréhensible. Les deux femmes se ressemblent physiquement et, surtout, ont un profil commun, en tout cas elles évoluent dans le même monde.

À Cannes, on se couche tard et les réveils sont difficiles…

Personne pour Estelle

2001, remise des Oscars, Los Angeles.

En 2001, je me rends avec Pierre Lescure à Los Angeles au moment des Oscars. Nous nous trouvons à un cocktail précédant la cérémonie, moment de convivialité dont nous avons ensuite adapté l'idée dans l'Hexagone pour la cérémonie des Césars.

Tandis que Pierre et moi bavardons tranquillement en buvant un verre de vin blanc, une belle blonde aux yeux clairs passe à quelques mètres et me fixe comme si elle me connaissait.

Je trouve ça étrange. D'abord, parce qu'ici, à Los Angeles, trois personnes maximum me connaissent ! Ensuite, parce que je n'ai pas la prétention d'attirer l'intérêt des bombes atomiques, je ne suis pas George

Clooney, bien qu'il ait essayé, lors d'un très court et marquant échange, de me le faire croire :

– C'est comment dans la vie quand on est très beau ?

– Vous, vous savez comment c'est !

– J'ai pas dit « beau », j'ai dit « très beau » !

– Ahahahahaha.

La jolie sylphide me regarde toujours avec une insistance qui commence à être embarrassante, puis fond vers moi :

– Salut Michel, ben alors, tu ne me reconnais pas ? Je suis Estelle Lefébure !

Bon…

J'ai reconnu Estelle Lefébure là où elle n'était pas et, plus tard, je n'ai pas reconnu Estelle Lefébure là où elle était !

De bon augure

Années 1990, chez moi à Paris.

J'avais un truc pour conjurer le sort ou le connaître, on ne sait pas.

Les jours de match, en sortant de mon appartement situé au troisième étage, j'appuie sur le bouton de l'ascenseur, et s'il s'est arrêté au rez-de-chaussée, je n'attends pas qu'il soit arrivé, mais, au contraire, j'essaie d'atteindre le rez-de-chaussée par l'escalier avant que l'ascenseur ait, lui, atteint le troisième étage.

Si je suis plus rapide que l'engin, c'est un présage favorable pour le match.

Sinon…

Fierté… nationale

Février 2012, Sunset Boulevard Hotel,
Los Angeles.

On attend. Ils seront bientôt là, dans la suite très clinquante de cet hôtel de Sunset Boulevard, avenue de Los Angeles où les stars grouillent et les anonymes rêvent. On avait prévu un plateau, quels que soient les résultats. Des Français à Hollywood en lice aux Oscars, ce n'est pas courant. Mais ce qui s'est produit ce soir n'a pas d'équivalent.

Cinq oscars – meilleur film, meilleur réalisateur, meilleur acteur, meilleurs costumes, meilleure bande-son – pour *The Artist*, un carton plein, une moisson de statuettes. Aux Oscars, les réalisateurs français, jusqu'alors, remportaient une statuette dans la catégorie « meilleur film étranger », pas « meilleur film ». C'est aussi la première fois qu'un Français, Jean Dujardin, est consacré meilleur acteur au pays du cinéma, dans la patrie de Griffith, de Capra, de John Ford. Une exception française. De quoi retrouver un sentiment de fierté nationale, restituer une sorte de grâce collective, qui s'apparente pour moi à la liesse de la victoire d'une Coupe du monde de foot. D'ailleurs, *The Artist* aussi est un film sans paroles, dont le sens passe par l'image. Avec ses débuts difficiles, dus à l'originalité du concept rétro – le projet, un peu fou, ne trouvait pas de financiers –, il y a une histoire à raconter, les ingrédients d'un mythe.

Ce matin, au petit déjeuner, l'équipe du film était déjà joyeuse. Être aussi massivement présents sur la liste des nominations des Oscars – dix catégories –, être là, ensemble, un jour particulier, peut-être béni des dieux, suffisait déjà à leur plaisir.

Contents mais un peu stressés quand même : la perspective d'être invité le soir même avec des cadors du cinéma, d'avoir peut-être à assurer une allocution en anglais devant l'Olympe du septième Art, à représenter assez officiellement la France outre-Atlantique, angoisse clairement Jean Dujardin, qui est arrivé en tenue de sport avec casquette à la Gabin à table ce matin – obligé de s'exercer au réveil pour chasser la tension. Pour se réconforter et vivre le moment avec eux, il a emmené ses amis.

Il y a Nicolas Bedos et Gilles Lellouche, en pleine forme, qui boivent leur café avec Thomas Langmann, le producteur du film, et sa troupe au complet, venue de Paris, ainsi que Paul Rassam, grand producteur, mon idole, qui n'est autre que l'oncle de Thomas.

Assis à la table à côté de celle de Jean, je plaisante et lui fais remarquer qu'arborant une casquette très titi parisien, d'une certaine façon, il porte les couleurs du drapeau. Pimpante malgré le décalage horaire, Alexandra Lamy s'occupe des enfants en souriant. On se croirait à la maison. L'ambiance chaleureuse donne l'impression de former une grande famille qui viendrait de se réveiller pour une longue journée de mariage. En réalité, la mariée est le film, elle se prépare à être comblée.

Après la cérémonie des Oscars, les primés suivent le parcours protocolaire du triomphe. Le grand dîner de *Vanity Fair* et une série d'interviews télé, tout cela planifié à la minute près, avec ce professionnalisme typiquement américain qui force toujours mon respect, et vers lequel j'essaie de tendre le plus possible en évitant l'improvisation par un travail préparatoire acharné.

Nous savons que notre attente est cadrée, et c'est ce qui nous la rend acceptable. Ils arrivent, maintenant. Le réalisateur Michel Hazanavicius, ravi mais humble, Thomas Langmann, boosté à la réussite, l'incontournable et nécessaire Harvey Weinstein, le rôle-titre féminin, Bérénice Bejo, et Jean Dujardin, manifestement dans un autre monde, où les étoiles brillent et les cloches tintinnabulent.

Cette liesse, je ne saurais la mesurer, n'ayant pas connu cette situation, mais j'ai ressenti des joies extrêmes quand le PSG marquait des buts incroyables, retournant un match en quelques secondes à son profit, quand il gagnait alors qu'il avait été sur le point de s'éteindre.

Ces instants concentrés et intenses, c'est tellement bon. Vital.

L'intérêt et la joie de ma profession, c'est de me trouver là, témoin de situations extraordinaires que je peux relater, faire partager aux autres. Le principe même de mon métier de journaliste, que j'ai la chance d'exercer dans de très bonnes conditions. Même si je tombe parfois sur un os, un invité récalcitrant, une star vexée par sa marionnette ou par autre chose, des annulations...

Dans l'avion pour Los Angeles, c'est au cas de l'actrice fâchée, parce qu'elle estimait n'avoir pas été suffisamment considérée, que j'ai été confronté.

Maintenant, Bérénice Bejo est là, devant moi, souriante et épanouie, prête, avec les autres, à répondre à mes questions. Impossible qu'elle n'apparaisse pas, en tant que premier rôle féminin de *The Artist*, au côté de Jean Dujardin et des autres.

D'autant qu'elle a gagné, deux jours plus tôt, à la soirée des Césars, le trophée de la meilleure actrice pour ce même film, gratifié par ailleurs de quatre autres prix.

À être si primée, elle est confortée dans son opinion et d'autant plus vexée *a posteriori* par notre indélicatesse, qui n'en était pas vraiment une, lors d'un duplex précédant les Oscars où les conditions techniques ne m'avaient pas permis de la traiter comme il faut.

Dès l'aéroport, à Paris, alors que nous allons tous embarquer gaiement pour Los Angeles, je comprends à la mine que Bérénice Bejo affiche qu'elle n'a toujours pas digéré. On me confirme rapidement qu'elle s'obstine à ne pas nous accorder d'entretien. Elle fait la tête. Oscar ou pas, à nous, elle ne dira pas un mot.

M'asseyant sur mon siège, juste devant Dita Von Teese, je me dis : « OK, c'est ennuyeux, ce truc de vexation, mais tu as huit heures de vol pour le résoudre. Tu vas aller la voir au meilleur moment et la convaincre, avec des arguments simples, courts et sincères. » J'ai donc pensé mes phrases à la virgule près et j'ai observé l'actrice, installée à quelques fauteuils du mien.

Surtout ne pas la déranger quand elle mange, ou qu'elle regarde un film, ou qu'elle essaie de dormir, ou qu'elle discute avec son mari, attraper l'ennui quand il se présente, le guetter. En profiter pour l'aborder finement et lui sortir ma tirade précise de quarante secondes maximum.

Après trois heures de surveillance, j'ai enfin trouvé ma fenêtre de tir. Et je me suis lancé, avec l'air d'être parfaitement spontané : « Ce n'est pas pensable que vous ne soyez pas là, s'il y a un prix, personne ne comprendra, oubliez-moi, oubliez toute cette histoire, pensez au film, pensez aux gens, dites-moi oui ! »

Pendant que je la suppliais, dignement, elle me fixait avec le plaisir de la dame qui voit son chevalier risquer sa vie pour l'honorer dans un tournoi.

Elle a dit oui.

La dame de la côte

1993, escalier d'un hôtel, Sarasota, Floride.

Fanny Ardant, vêtue d'une jupe, lit, assise sur les marches de l'escalier. Elle paraît très concentrée, plongée dans la lecture de son énorme bouquin, tout comme lors du voyage en avion qui nous a tous les deux conduits au Sarasota Film Festival. Elle avait la place à côté de la mienne, mais ne s'est pas manifestée du trajet, complètement absorbée par les pages de son livre.

On ne voit qu'elle dans la cour de l'hôtel, image élégante et un peu surannée. Elle est comme ça, Fanny Ardant, elle a le charme d'une classe ancienne. Sur le plateau du « Grand Journal », elle est capable de demander à Kool Shen, la moitié de Joey Starr dans le fameux duo NTM, qui lui annonçait partir en tournée : « Ah, vous partez en autocar, alors ? »

Gérard Depardieu nous a rejoints et j'ai prévu, c'est l'objectif de mon voyage ici, de faire avec lui une interview spéciale pour Canal Plus. Il connaît bien Fanny Ardant, depuis longtemps, et se permet de faire des plaisanteries. Il la taquine avec beaucoup de familiarité. Fanny rigole, elle doit avoir l'habitude. L'air de la Floride réussit bien à mon camarade.

En arrivant, pour lire au calme, la comédienne s'est donc légèrement isolée. Mais, au pied de l'escalier, Gérard n'est pas aussi sage.

Il vient de remarquer que, en baissant un peu la tête, on pouvait apercevoir, sous sa jupe, la culotte de Fanny Ardant. Alors, il ne peut pas s'en empêcher et lance, l'œil qui frise : « Hé, mais dis, on voit la capote de la vieille, là ! »

Harvey pour Gérard

Mars 2012, coulisses du « Grand Journal », Paris.

Deux semaines après les Oscars et l'apothéose de *The Artist*, sachant que cela me fera plaisir parce que nous avons sympathisé pendant le tournage au Sunset Boulevard Hotel, François Jougneau, programmateur du « Grand Journal », invite le distributeur américain Harvey Weinstein, de passage à Paris. Il doit passer en deuxième partie d'émission, la plus divertissante.

Ce soir-là, en première partie, est attendu pour réagir à l'actualité le président du CRIF, Richard Prasquier. Lequel, logiquement, arrive dans les studios avant Harvey Weinstein. L'apercevant, je viens à sa rencontre pour l'accueillir.

Je suis très content de le revoir, nous avons partagé des moments merveilleux, inoubliables, à Hollywood. En lui donnant l'accolade, je lui dis dans mon meilleur anglais : « *Oh ! Nice to see you ! Congratulations again !* »

Plus limité dans la langue de Shakespeare que dans la mienne, je m'étends un peu moins dans le compliment que je ne le fais avec d'autres invités que j'apprécie.

Le président du CRIF me dévisage froidement, un voile d'incompréhension dans le regard, et me demande : « Pourquoi vous adressez-vous à moi en anglais ? »

Je suis confus…

Sharon Stone en forme

1992, hôtel Carlton, Cannes.

Peut-être, du fait de ma « neutralité », de ma « distance » professionnelle de journaliste, m'arrive-t-il souvent d'être témoin de scènes « naturalistes », plus vraies que nature.

En 1992, tandis que je « couvre » le Festival de Cannes pour une émission que j'anime le samedi sur RTL, je découvre un film qui va être projeté le lendemain et dont il faudrait être idiot pour ne pas sentir le potentiel énorme de buzz.

Il s'agit de *Basic Instict*, œuvre de Paul Verhoeven au scénario très efficace et au casting démoniaque. Michael Douglas est la proie consentante dans le film d'une blonde aussi sexy que Marilyn et aussi dangereuse que

Mata Hari, jouée par une actrice américaine inconnue, pour vingt-quatre heures encore, Sharon Stone.

J'ai rendez-vous avec le couple sulfureux de *Basic Instinct* pour les interviewer. Ils me rejoignent sur une petite terrasse où est installé le matériel de studio, au-dessus de l'entrée de l'hôtel Carlton.

Lui s'assied tranquillement en face de moi et traduit pour la pin-up les compliments que je viens de lui faire sur le film.

Elle est vêtue comme son personnage : très court et très près du corps. Aussi belle et érotique que dans *Basic Instinct*.

Tout en me remerciant pour le mot gentil rapporté par Michael Douglas, elle se lève, nous tourne le dos, et lance en français :

– Vous ne trouvez pas que j'ai un gros cul ?

Je souris, n'ose pas répondre, mais laisse plutôt Michael Douglas la rassurer d'une tape sur les fesses accompagnée d'un « Mais non ! ».

Yves Montand à l'Alhambra

Décembre 1990, place Dauphine, Paris.

Nous déjeunons, Yves Montand et moi, dans son restaurant fétiche place Dauphine, près de chez lui, pour préparer l'émission « Mon Zénith à moi » que je lui consacre. Yves Montand est en train de me raconter une bonne histoire. Il évoque ses jeunes années, quand il allait voir ses idoles de la chanson dans une salle de spectacle assez fameuse à Marseille, l'Alhambra.

Un soir où il venait écouter Maurice Chevalier, il a assisté à une scène assez cocasse. Les premières parties des vedettes de music-hall étaient assurées par de jeunes inconnues au talent parfois très caché.

Ce jour-là, le présentateur annonce une certaine « Clara Tambour ». À l'instant où il prononce son nom, on entend dans la salle une grosse voix virile crier : « C'est une pute. »

Le présentateur, sans ciller, enchaîne avec l'accent : « Quoi qu'il en soit, elle va nous interpréter… »

Les boutons de guêtre sans les guêtres

4 novembre 1984, rue Olivier-de-Serres,
siège de Canal Plus.

Il est 7 h 45. Nous avons le sentiment que nous nous préparons à lancer ce dimanche une fusée que nous ne contrôlons pas sous les yeux d'une multitude de spectateurs, dont certains adversaires de la chaîne. Tout est nouveau, rien n'a vraiment été testé.

Nous sommes dans la plus complète innovation télévisuelle. Hier soir, le DG, Philippe Ramond – Pierre Lescure est à ce moment-là directeur des programmes –, était dans le bureau du président, André Rousselet, pour lui signifier que tout était prêt, qu'il ne restait plus qu'à appuyer sur le bouton :

– Président, il ne manque pas un bouton de guêtre !

– Mais je ne suis pas sûr qu'on ait les guêtres, répond Rousselet, as de la formule cinglante.

Techniquement aussi, Canal Plus est un projet ambitieux, voire fou. Le cryptage complique la diffusion, entraîne d'autres problèmes. En ce qui me concerne, je suis chargé de la première émission, un programme matinal donc, le « 7/9 », qui n'a pas d'équivalent dans le PAF français. C'était avant le « Télématin » de William Leymergie. Nous sommes le 4 novembre 1984.

Pour trouver le bon format, je me suis inspiré de l'émission « Good Morning America » sur ABC, en y allant. J'ai analysé son fonctionnement, j'ai tenté de restituer son découpage, j'ai compris que la télé du matin suivait une mécanique très spécifique, avec ses lois propres, presque scientifiques : les gens la regardent environ dix à douze minutes en prenant leur petit déjeuner, comme si c'était une radio, tandis qu'ils se préparent à partir au travail.

Ils ont besoin de leur programme matinal pour favoriser le réveil, rythmer le démarrage de leur journée et pêcher l'information qui les concerne et les intéresse.

Outre « Good Morning America », je m'appuie sur l'exemple de mes filles, encore petites.

En notant à quelle heure elles se réveillent, s'habillent, engloutissent leur petit déjeuner et partent à l'école, j'obtiens un tempo qui m'est utile pour articuler le « 7/9 ». Et je suis attentif à ce qui les intéresse, à ce qu'elles réclament. C'est comme ça que j'ai intégré un court dessin animé dans l'émission. Je savais que *Mafalda* serait une distraction adéquate pour les enfants et une tranquillité de courte durée pour leurs parents.

Je suis donc bien au fait des contraintes d'une matinale, démultipliées dans ce cas précis, car je démarre la journée, la semaine et l'antenne. Une triple aube.

C'est par Pierre Lescure que je me retrouve propulsé dans cette aventure. Je le connais depuis mon expérience à RMC, dont il a été le patron avisé, la modernisant et lui offrant de nouveaux auditeurs. Avec lui, l'audience a rapidement grimpé.

De mon côté, j'ai passé de plus en plus de temps dans les studios de RMC à remplacer Yves Mourousi dans son émission de l'après-midi, lequel était débordé par la présentation du JT de 13 heures, auquel je collaborais aussi.

Pour me convaincre de lâcher mes deux postes à TF1 et à RMC, Lescure n'avance aucun argument d'ordre pécuniaire. Ses promesses sont autres : le neuf, l'innovant, le fou, les tribulations, l'intensité, l'excitation d'un démarrage.

J'ai donc accepté le poste sans demander de progression de salaire. J'ai à peine négocié l'équivalent de ce que me rapportaient mes deux anciens jobs, l'équivalent de cinq mille euros aujourd'hui.

L'intuition qui m'a guidé jusqu'à ces studios sait, elle, que, trente ans plus tard, j'aurai occupé tous les postes de cette chaîne sauf celui de président, que son histoire, aujourd'hui, commence à peine à se mêler à la mienne.

La provocation d'Ariane

Saison 2008, plateau du « Grand Journal », Boulogne-Billancourt.

L'exercice du direct fait du rire nerveux un enfer redoublé. Avec Ariane Massenet, pilier du « Grand Journal », je suis souvent confronté à la tentation du fou rire.

Et aujourd'hui, nous y cédons.

Tout ça à cause d'un nom. Tout à l'heure déjà, avant l'émission, ça nous faisait marrer. Et elle m'avait prévenu, Ariane, qu'elle serait incapable de se contenir : « Je te préviens, dès que tu vas prononcer ce nom, je vais te rire à la gueule ! »

Voilà, c'est fait, nous sommes en plein dedans. Il faut s'arrêter. L'injonction ne m'aide pas.

Je m'excuse.

Ah oui, vous voudriez connaître ce nom ? Voici le téléphone d'Ariane : 06 09 26 18…

Seulement si incident

Septembre 1972, Cognacq-Jay.

Avec Georges Pompidou, j'ai failli perdre le poste que j'avais finalement obtenu à Cognacq-Jay. J'étais chargé de la coordination avec les stations régionales, c'est-à-dire concrètement de répondre à leurs propositions de sujets par le JT et de découper des dépêches. En tâche bonus, j'étais gratifié du transport des cafés jusqu'aux bureaux des présentateurs.

À ce moment-là, l'information vivait sa période de libéralisation à l'ORTF sous la présidence de Pierre Desgraupes, nommé par le Premier ministre Jacques Chaban-Delmas. Mais cette émancipation du politique ne plaisait guère au président Pompidou.

Je reçois un jour une proposition par télescripteur venant de Rennes. Il est écrit : « Madame Claude Pompidou vient inaugurer une fondation à Rennes. Seriez-vous intéressé ? » Comme la nouvelle me semble assez peu excitante, je réponds assez spontanément : « Première chaîne intéressée, seulement si incident. Amitiés, Michel Denisot. »

La station rennaise n'insiste pas et on n'en parle plus.

Mais, quelques jours plus tard, Georges Pompidou donne une conférence de presse à l'Élysée, et un journaliste pose une question téléphonée, compte tenu du contexte : « Monsieur le président, est-ce que vous êtes satisfait de l'information à la télévision actuellement ? » L'auditoire se fige, dans l'attente d'une réponse qui constituera certainement son accroche du lendemain. Et il n'est pas déçu.

Pompidou n'est pas content. Il commence en disant : « Quand j'allume la télé le soir, j'ai l'impression que la France est en grève et que rien ne marche. Je vais vous donner un exemple de l'état d'esprit pour animer l'information télévisée. »

Et là, il se met à raconter que sa femme a inauguré à Rennes une fondation pour les enfants handicapés, qu'un reportage a été proposé par la station locale à la première chaîne nationale, et qu'une réponse sèche – « intéressée en cas d'incident » – a été envoyée.

Lorsque j'entends ce « intéressée en cas d'incident », je n'ai plus de doutes, je suis mort. Je vais être viré, je vais prendre une claque magistrale. Je me vois déjà rentrer à Châteauroux, fier mais chômeur. Je suis grillé, en beauté, publiquement, devant tous les Français.

Le lendemain, je suis mentionné dans le journal. Pour la première fois. Le jour même, je suis convoqué par Arthur Conte, PDG de l'ORTF. Je n'en mène pas large dans les couloirs de l'ORTF. J'essaie d'être le plus discret possible, je ne bouge pas de mon bureau. C'est là que, avec panache, François-Henri de Virieu, l'un de mes rédacteurs en chef, vient me réconforter. Il minimise un peu l'affaire et m'offre de me couvrir : si je sens qu'ils sont sur le point de me renvoyer, je dois affirmer que c'est lui qui m'a dicté cette réponse à la station de Rennes. Je m'en suis bien tiré et le fils de Georges Pompidou, Alain, que j'ai reçu quarante ans plus tard, m'a parlé de cette histoire.

Le télex figure toujours dans les documents de Georges Pompidou.

À l'ouest

Printemps 1996, Parc des Princes.

La « corbeille » qui accueille les VIP au Parc est trop petite ce soir. Depuis que le PSG gagne, les tribunes sont aussi courues que les gradins de Roland-Garros.

Véronique Revel-Rongier, mon fidèle bras droit, réussit pourtant à satisfaire tous les ego depuis maintenant cinq ans que je dirige le club de la capitale. L'assimilation entre le PSG et moi n'a jamais été aussi forte, ainsi que sa médiatisation. Je le mesure chaque jour dans la vie courante.

Véronique a été à mes côtés pendant vingt ans à Canal, à tous les postes que j'ai occupés. Je les ai tous occupés sauf président du groupe !

Ce soir-là, Johnny Hallyday vient au Parc pour la première fois. Quand il arrive, il vient vers moi et me lance, surpris : « Salut ! Mais qu'est-ce que tu fais là ? »

Dealer de blagues

1990-2013, sur mon téléphone.

Depuis Los Angeles, Michel Polnareff est l'un de mes plus grands pourvoyeurs de blagues, et moi, je suis sa plaque tournante parisienne, une espèce de dealer de bons mots. Mon job, les réceptionner, souvent par SMS, et les faire tourner. Je sais que j'ai réussi mon coup quand la blague que j'ai lancée me revient par un réseau différent.

Valéry Zeitoun et Doria Tillier sont des fournisseurs réguliers. Frédéric Beigbeder, de manière plus épisodique.

C'est l'histoire d'un gynécoloque qui a la maladie de Parkinson : il est surbooké ! Doria T.

La blague juive la plus courte du monde ? « Dieu soit loué ! » Valéry.

Celle du mec qui se branle puis ouvre une bouteille de Perrier en s'écriant : « Après l'amour, le champagne. »
Frédéric.

Chacun a sa spécialité.

Carla Bruni, quant à elle, est une cliente occasionnelle. J'en retiens une qu'elle m'a envoyée il y a quelques mois :

« Quel est le plus difficile pour la poule ?

– Passer du coq à l'âne. »

Spéciale dédicace

2013, Boîte à Questions,
studio Visual, Paris XVe.

La Boite à Questions inventée par Alexandre Drubigny est une mine d'or sans fin. Alexandre a créé de nombreux concepts : « En aparté », « Conversations secrètes »... très très originaux. Il est une boîte à idées.

Quelle est la meilleure histoire de Chirac ?

François Baroin : « Un proche fait un compliment à Jacques Chirac : "Vous avez bonne mine, monsieur le président."

Réponse de Chirac : "Et encore, tu n'as pas vu le crayon !" »

Vive le stock-car

1985, rue Olivier-de-Serres, Paris.

Le démarrage de Canal Plus est laborieux. Les abonnements ne décollent pas. La jeune chaîne est en danger. Pierre Lescure a alors la bonne idée pour assurer sa survie : engager Coluche.

Mais l'affaire n'est pas si simple. Coluche est ami avec Laurent Fabius, qui n'est pas en bons termes avec André Rousselet, président-fondateur de la chaîne. Laurent Fabius, alors Premier ministre de Mitterrand, envisage même sérieusement la revente de la chaîne à Silvio Berlusconi. Coluche n'est donc pas très chaud pour venir.

Son agent, Paul Lederman, ne parvient pas à le convaincre. Seule solution : prendre son temps et lui montrer qu'on l'aime, ce qui est vrai.

À l'époque, Coluche avait un hobby : le stock-car. Missionné par la chaîne pour convaincre l'humoriste, je deviens le spécialiste du stock-car. Je vais même jusqu'à partir en week-end avec Martine suivre les courses de stock-car dans le Nord de la France. Nous allons d'ailleurs retransmettre sur notre chaîne une épreuve de ce sport trop injustement méconnu du grand public.

Coluche – qui m'a immédiatement vu venir – débarque quelques semaines plus tard à l'antenne de Canal à 20 heures pour un rendez-vous de quinze minutes, « 1 Faux », qui succède à mon émission quotidienne « Zénith ». Il officie en même temps sur Europe 1 tous les après-midi, où il fait la pub de Canal et des Restos du cœur, sous la houlette de Philippe Gildas, alors grand manitou d'Europe.

L'opération est un succès pour notre chaîne. À la signature du contrat entre Canal et Coluche, Paul Lederman m'appelle pour me poser une question :

– Michel, tu es juif ?

Alors que je lui réponds par la négative, il me lance :

– Eh bien, tu aurais mérité de l'être !

Egotrip

1988, Eden Roc, cap d'Antibes.

Premier rendez-vous avec Robert De Niro. Première interview. J'y vais avec un objectif, satisfaire mon ego. Et ça marche !

Alors qu'il arrive en plateau, j'attaque : « *My name is Denisot.* » De son regard perçant, il enchaîne immédiatement : « *My name is De Niro.* »

La séquence est passée en boucle au zapping.

Spéciale dédicace bis

1989, Maison de la radio, Paris XVIe*.*

Jean Veil, jeune et brillant avocat, fait partie de l'équipe de chroniqueurs de « La grande famille », émission de la mi-journée de Canal Plus, aux côtés de Laure Adler, Jean-Luc Delarue, Sylviane Plantelin, Jean-Pierre Coffe, Olivier Barrot, Martine Mauléon et Robert Monteux. Déjà surchargé de travail, il part en courant dès la fin de l'émission.

Je le sens soucieux. Lui, si discret sur sa famille, finit d'ailleurs par me lâcher quelques mots sur sa mère, Simone Veil, qui a beaucoup de difficultés à mener sa campagne pour les élections européennes : « Chirac lui met des bâtons dans les roues. Son équipe est réduite, et elle a peu de moyens. Elle ne sait même pas à qui demander pour l'enregistrement de la campagne officielle. »

Spontanément, je me propose d'être son interviewer pour l'entretien très convenu de la campagne.

Me voilà donc quelques jours plus tard au domicile de Simone Veil pour mettre au point les questions. L'enregistrement a lieu à la Maison de la radio. À la porte du studio, deux jeunes membres de son équipe m'accueillent : François Bayrou et Jean-Louis Borloo.

Heureux de pouvoir lui rendre ce service, je remplis ma mission. Et je pense avoir beaucoup marqué Simone Veil.

La preuve, une semaine plus tard, pour me remercier, elle m'offrira un très beau livre sur les grands peintres italiens avec cette dédicace :

« Pour Robert Denisot, en remerciement… »

Rubrique des chiens écrasés

1960, Centre-Presse, Châteauroux.

Jean Patrigeon a été mon premier rédacteur en chef à Châteauroux. Homme intègre, il avait le sens de la précision et rédigeait chaque jour des échos de la vie castelroussine. Sa chronique s'intitulait « En passant ».

Dans cette ville plutôt calme, les faits divers n'étaient pas légion.

Mais, dès que l'actualité s'emballait un peu, il nous disait dans un sourire : « Mes amis, on danse sur un volcan ! »

Vladimir, Mikhaïl et les autres

2014, « Moby Dick »,
rue du Cherche-Midi, Paris.

Aujourd'hui, Gérard me raconte son dernier voyage en Russie et sa rencontre avec Kalachnikov, dont je ne savais pas qu'il s'agissait d'un homme avant d'être un modèle d'arme. En cinq minutes, il m'a donné envie d'en savoir plus sur cet inventeur qui, depuis, est décédé.

Gérard sait beaucoup de choses ; sa curiosité d'ogre dévore, les sujets les plus divers font ventre. Il absorbe les informations et tout, dans sa bouche, devient passionnant. Il s'intéresse aux gens, aux destins, étranges ou cabossés, à la vie, en fait.

Mikhaïl Kalachnikov, Depardieu l'a trouvé vivant à quatre-vingt-quinze ans comme un type ordinaire, menant une existence modeste qui prouve que sa création ne l'a pas rendu riche. Quel contraste entre ce bonhomme simple et son nom « plus connu que celui de Jésus », me fait remarquer Gérard.

Mais ce qui a touché Gérard, c'est la tristesse de la vie de Kalachnikov : « Il s'est retrouvé dans les camps sibériens et aujourd'hui il n'a rien, alors qu'il a mis au point l'arme la plus répandue au monde. Et, le plus fou, c'est ce qu'il m'a répété plusieurs fois, sa grande théorie : il dit qu'il n'a pas inventé la kalach pour tuer, mais pour défendre son pays ! »

Avec Gérard, j'ai les odeurs du grand large et les images : Mikhaïl est avec nous, là, chez « Moby Dick ». Et quelques secondes plus tard, c'est Poutine qui débarque de Russie. Gérard était présent lors d'une conversation ultra-sensible entre son ami Vladimir et le président des États-Unis Barack Obama. Le sujet en était le gaz sarin utilisé en Syrie par les troupes de Bachar el-Assad contre la population.

Il se trouve que les rapports privilégiés entre la Russie et la Syrie donnent au chef de l'état russe le rôle d'intermédiaire, de négociateur. Obama condamne l'usage des gaz et voudrait l'empêcher. Il tente de convaincre Poutine d'aller dans son sens auprès de Bachar el-Assad.

Mais le président russe ne semble pas très convaincu par les arguments du président américain et finit par faire une proposition inacceptable : « OK, ils arrêtent les gaz, mais alors il faut rembourser leurs stocks ! »

Avec l'histoire livrée brute, décapsulée par Depardieu, le sujet complexe se simplifie et, soudain, Barack et Vladimir sont des *men next door* dont on peut écouter les conversations, là, devant un banc de poissons.

Les grands de ce monde deviennent des insectes observés à la loupe par un entomologiste. Poutine, en particulier, est l'objet de son attention. Il m'est arrivé quelques fois de recevoir des appels très matinaux – entre 6 et 7 heures – de Gérard parce qu'il éprouvait le besoin de me parler. De Poutine et de ses problèmes, assez vastes, de président.

Dans ces cas-là, il monologue pendant vingt minutes, discourt sur la géopolitique, les commentaires de Vladimir, ses observations à lui, bref, sa conversation me berce et, au moment de raccrocher, je me suis presque rendormi.

Quand je me réveille, j'ai l'impression d'avoir vu un film pendant la nuit.

*

Un jour, il m'a téléphoné pour me proposer de le rejoindre… en Belgique. Je me suis marré et lui ai dit : « Je veux bien te rejoindre au Kazakhstan ou en Russie, mais pas à Néchin ! » Je ne vois pas bien quelles aventures je pourrais bien vivre avec lui en Belgique. En Russie, c'est différent.

Dans ce pays à son échelle, extravagante, il est reçu comme l'ami français du président. Côtoyer un chef d'État aussi sulfureux que Vladimir Poutine, déjeuner ou dîner en sa compagnie ne lui déplaît pas.

Les infréquentables sont sa tasse de thé, parce qu'ils lui ressemblent : ils sont seuls, dérangeants, condamnés à la marge.

Depardieu, l'homme libre, goûte la lie officielle avec l'appétit du gourmet. On n'est pas l'acteur de Pialat et de Blier sans jouir d'écorner la doxa, de pisser sur la bienséance. Rien ne le cadre, Gérard, parce que tout l'intéresse, n'importe quelle zone mérite d'être foulée de ses grands pas avides. Comme s'il n'avait rien à perdre, et tout à apprendre.

En enfant qui n'a jamais grandi, passible de la maison de correction, il en rajoute si on l'attaque. Les règles ne valent que pour ceux qui les respectent.

Chez lui, tout dépasse.

Les frelons de la rue de Lille

Juillet 2011, bureau de Jacques Chirac, rue de Lille, Paris.

Notre but est précis : convaincre Jacques Chirac de venir au « Grand Journal ». Il vient de publier ses Mémoires, l'occasion est trop bonne. Je l'ai connu à Limoges, retrouvé à Paris, et, par la force de son destin politique, ne l'ai jamais perdu de vue à la mairie de Paris puis à l'Élysée.

Et puis, nous avons en commun une inclination pour les blagues un peu simples, à la limite du mauvais goût. Celle qu'il préfère et me ressert dès qu'il peut n'est pas la plus classe :

– Quelle est la différence entre un bonbon et un trou du cul ?

– ??? (Je fais mine de ne pas connaître la réponse.)

– Le goût !

Aujourd'hui, je ne viens pas pour échanger des histoires drôles, je travaille. Pour cette visite à Jacques Chirac, je suis accompagné de Renaud Le Van Kim, le coproducteur de l'émission chargé d'animer avec moi le rendez-vous. Il connaît bien aussi l'ancien président.

Nous ne serons pas trop de deux. D'emblée, il est clair que Jacques Chirac s'intéresse assez peu à notre proposition.

Pour lors, c'est sa fondation qui le passionne, et il nous en parle en long et en large pendant de très longues minutes qui, additionnées, finissent par faire une heure. Je fais des relances de politesse.

Nous sommes las et presque découragés quand, brutalement, il change de sujet et me demande :

– Qui recevez-vous ce soir ?

– Laurence Parisot.

– Ah, je ne connais pas monsieur Parisot.

Puis, après un court silence, il me demande si je connais cette actrice en vogue dont tout le monde parle :

– Oui, un peu.

– Moi, je ne la connais pas. Sachez que je le regrette beaucoup, j'aurais beaucoup aimé la connaître. L'un de mes amis m'a dit, je ne sais pas si c'est vrai, qu'elle avait des frelons dans la culotte.

Sachez que je n'ai rien contre.

Le chasseur de démons

2008, Dharamsala, Inde.

Deux jours après mon arrivée dans la ville, Matthieu Ricard m'a présenté un drôle de personnage qui n'aurait pas déparé dans une œuvre de Jim Jarmusch, Tim Burton ou Terry Gilliam. Appelé *netchung*, il est un genre d'exorciste bouddhiste. S'il entre dans un certain état de transe, il a le pouvoir de chasser les démons.

Visiblement, il est surbooké.

Il passe du temps à m'expliquer ses diverses techniques d'exorciste. Je pose plein de questions : ce métier m'enchante. Il me confie que, pour accéder à l'état de transe, il doit se concentrer intensément à l'intérieur de lui, mais que ce n'est pas toujours le moment.

Quand il parle émane du *netchung* une énergie fabuleuse.

Couac avant l'heure

2007, campagne présidentielle,
« Grand Journal ».

En plateau, Nadine Morano, soutien de Nicolas Sarkozy, et Arnaud Montebourg, porte-parole de la candidate socialiste Ségolène Royal.

Je termine par une question bateau : « Quel est le plus gros défaut de votre candidat ? »

Nadine Morano répond la première, prudente : il mange trop de chocolat. Arnaud Montebourg a eu le temps de réfléchir. Il prend la pause et dit : « Le principal défaut de Ségolène Royal, c'est son compagnon. »

Générique.

Alors que ma collaboratrice Anne-Laure Sugier le raccompagne jusqu'à sa voiture, il lui dit : « Si ça se trouve, je vais passer au zapping. »

La séquence fait le tour des télévisions dans le monde. Dans la soirée, il passera, m'a-t-on dit, un très mauvais moment et sera démis de ses fonctions de porte-parole pendant un mois. Hollande est furieux.

En guise de reconnaissance, nous avons fixé une plaque à son nom sur le tabouret.

En place

4 novembre 2008,
plaza Adam Clayton, New York.

La place, en deux minutes, a changé.

Il est 23 heures. Barack Obama vient d'être élu président des États-Unis, le premier président noir de l'histoire de ce pays où les Afro-Américains représentent une part importante de la population.

Les habitants de Harlem, qui avaient laissé la place aux télés étrangères installées sur leur place principale, viennent de la réinvestir.

Le visage radieux, des milliers de personnes affluent autour de nous, arrivent en courant. Les Américains sont heureux : ils pleurent, rient, hurlent, s'embrassent et se tapent dans le dos, se serrent fort, n'y croient pas, remercient Dieu, chantent.

Une liesse splendide, un instant de grâce. On dirait que les Noirs reprennent leurs droits. Une minute de justice, d'égalité, de liberté. Je n'ai jamais vu autant de bonheur collectif.

La naissance d'un nouveau peuple.

La Corse, Jacques et Romy

Novembre 2013, Monticello, Corse.

Jacques Dutronc est très aimable avec les habitants du village où il se planque en Corse. Ses amis sont les pompiers ou le boucher de l'Île-Rousse. Le reste de la planète l'intéresse de loin, il cultive sa nature de farouche. Il se tient à l'écart, au milieu de ses plantes, de ses chats et de gens d'ici.

Il est capable, malgré sa sauvagerie et son caractère bien trempé, de regretter de n'avoir pas été gentil, d'avoir blessé, fait le mal d'une manière ou d'une autre.

Récemment, pour un article dans *Vanity Fair*, je lui ai rendu visite en Corse dans cette maison où j'étais déjà venu le dénicher un jour et où j'avais fini par lui mettre la main dessus en suivant un tuyau d'arrosage. Je connais Jacques depuis le temps où j'étais un jeune journaliste sportif salarié de TF1. Mes journées se déroulaient sans stress particulier, j'allais voir des matchs et prenais le temps de déjeuner avec les copains au restaurant, entre autres au Vivario, du nom d'un village de Haute-Corse, un bistrot près du boulevard Saint-Germain.

Nous nous sommes liés en pointillé. J'ai essayé de le faire passer sur TF1 pour la sortie de *Merde in France.* Quand la production me demandait le titre de la chanson, je l'escamotais et répondais qu'elle avait été enregistrée avec « les ballets du Vivario », qui n'étaient autres que nos amis serveurs de l'établissement corse et leurs balais-brosses. C'était la blague.

Ensemble, dans ses terres de Monticello, nous avons passé quelques soirées. Ça lui a donné l'occasion d'ouvertures nostalgiques, de retour sur son passé de comédien et notamment sur le tournage du film d'Andrzej Zulawski, *L'important, c'est d'aimer.* Il m'a touché en me décrivant sa partenaire dans le film, Romy Schneider, et en m'avouant combien il s'en voulait de l'avoir fait souffrir, elle qui, précisément, crevait de confondre sa vie avec ses films.

Manipulée facilement, puisque si vulnérable, par le réalisateur polonais, l'actrice est tombée folle amoureuse de Dutronc, qui jouait le rôle de son mari, un genre de clown sinistre et brisé, qui se suicide à la fin du film. Jacques, consentant, complice de la stratégie de Zulawski qui sait tirer le meilleur de la comédienne en la faisant souffrir avec l'arme absolue, la meilleure corde pour elle, la romantique douloureuse : l'amour. Elle était prête, disait-elle, à en « prendre plein la gueule ». Et lui, Jacques, qui l'appelait avant le tournage « Vomi Schneider », lui répondait : « De toute façon, si c'est loupé, c'est sur moi que les coups pleuvront. Toi, tu seras la victime de ce connard de Polonais ! »

Zulawski lui propose la loge à côté de celle de Romy pour qu'il surveille « si elle ne boit pas trop ». En fait, il manigance pour les rapprocher. Ça ne rate pas, Jacques joue le scénario en abyme.

Il prend Romy pour maîtresse. Puis la laisse sombrer dans la passion et la quitte dès que le tournage s'achève d'un sobre et implacable : « Tu croyais quoi ? J'ai une femme que j'aime qui m'attend à la maison. »

Conseil pour débutant

Avril 1970, rue Cognacq-Jay, Paris VIIe.

Dans les années 60-70, à l'époque lointaine où il n'y avait que deux chaînes, on y voyait déjà des stars du cinéma, de la politique, on entendait Thierry Roland retracer les matchs de foot le dimanche soir dans « Sports-Dimanche » et Roger Couderc le rugby. Les journalistes sportifs étaient eux aussi des vedettes.

Quand je l'ai rencontré à Cognacq-Jay, lors de ma première visite, Roger Couderc m'a glissé à l'oreille un truc pour débutant : « Ton premier direct, évidemment, personne ne te connaît. Alors, quand on t'appelle pour te lancer, tu ne réponds pas. Ils vont t'appeler une deuxième fois, tu ne réponds pas. Tu ne réponds qu'à la troisième fois. En attendant, ils auront dit trois fois "Michel Denisot". »

Remerciements

Sophie Blandinières, qui m'a écouté pendant des heures et des heures raconter ce qui est dans ce livre (et ce qui n'y est pas !), pour en faire ce qu'il est.

Sophie Charnavel, qui m'a convaincu de publier tout ça ; Sophie de Closets et l'équipe des éditions Fayard, très attentionnée.

Table des matières

Composition et mise en pages
Nord Compo à Villeneuve-d'Ascq

Cet ouvrage a été imprimé en France par
CPI Bussière
à Saint-Amand-Montrond (Cher)
en septembre 2014

Pour l'éditeur, le principe est d'utiliser des papiers composés de fibres naturelles, renouvelables, recyclables et fabriquées à partir de bois issu de forêts qui adoptent un système d'aménagement durable.

En outre, l'éditeur attend de ses fournisseurs de papier qu'ils s'inscrivent dans une démarche de certification environnementale reconnue.

48-57-3334-9/01

Dépôt légal : septembre 2014.
N° d'impression : 2010890.